Hebräische Grabinschrift

Alfred Etzold
Joachim Fait
Peter Kirchner
Heinz Knobloch

Jüdische Friedhöfe in Berlin

Henschelverlag
Kunst und Gesellschaft
Berlin 1987

ISBN 3-362-00146-7

© Henschelverlag Kunst und Gesellschaft,
DDR – Berlin 1987
1. Auflage
Redaktionsschluß: 31. Dezember 1986
Lizenz-Nr. 414.235/48/87
LSV-Nr. 8126
P 103/87
Gestaltung: Claudia Schauß
Printed in the German Democratic Republic
Reproduktion:
Graphischer Großbetrieb Interdruck Leipzig
Satz, Druck und Binden:
Druckwerkstätten Stollberg
625 786 4
01600

Inhalt

Friedhof Weißensee, Herbert-Baum-Straße

Einleitung

Jüdische Friedhöfe und manchmal nur einzelne Grabdenkmale sind oft die einzigen noch sichtbaren und zugänglichen Zeugen einstigen jüdischen Lebens in unserem Lande. Juden, oft ruhelos in den Wirrnissen der Jahrhunderte und bedingt durch die Anfeindungen ihrer Umgebung umherziehend, suchten zumindest für die Verstorbenen nach dauerhafter Heimat. Die Unantastbarkeit der Totenruhe führte so dazu, daß Gräber und Grabmale über Jahrhunderte erhalten blieben. Erstaunlicherweise haben viele jüdische Friedhöfe die Zeit des Faschismus, in der fast alle anderen Zeugen jüdischer Kulturgeschichte in Deutschland vernichtet wurden, überstanden. Diese Publikation, die in wesentlich bescheidenerer Form erstmals 1980 erschien, soll denen, die am Schicksal der einst in Berlin lebenden Juden interessiert sind, als Anregung dienen, sich mit diesem speziellen Teil der Berliner Geschichte vertraut zu machen. Dem Besucher eines der beschriebenen Friedhöfe soll anhand der Erklärungen über die Besonderheiten des Brauchtums und der künstlerischen Eigenheiten der Grabmalkunst ein tieferes Verständnis vermittelt werden. Empfohlene Rundgänge bieten die Möglichkeit, bis dahin Unbekanntes zu entdecken. Durch das Hervorheben einzelner Persönlichkeiten soll deren Name dem Vergessen entrissen werden. Gleichzeitig ist das Buch aber auch ein Gedenkbuch für all jene, die in den schrecklichen Jahren der faschistischen Herrschaft fern von ihrer Heimat namenlos in einem Vernichtungslager starben. Ihnen, die in Massengräbern verscharrt oder in den Krematorien verbrannt wurden, blieben nur die Gedenksteine in den Eingangsbereichen der Friedhöfe. In die Zahl der mehr als 6 Millionen ermordeten Juden in Europa sind auch die über 55 000 Berliner Juden einbezogen.

Die früheste urkundliche Erwähnung von Juden in der Mark Brandenburg stammt aus dem Jahre 1247. Für die Schwesterstädte Berlin und Cölln findet sich ein solcher Hinweis in einer Urkunde vom 28. Oktober 1295. Die ersten Siedlungsgebiete waren hier der Große und der Kleine Jüdenhof, die im ausgehenden 19. und beginnenden 20. Jahrhundert abgerissen wurden. Heute erinnert daran nur noch die am Berliner Roten Rathaus verlaufende Jüdenstraße, die einst zum Großen Jüdenhof hinführte. Wechselvoll wie in anderen deutschen Landen war auch die Geschichte der Berliner Juden. Unter den verschiedensten Vorwürfen wurden sie verfolgt und ausgewiesen. Nach der vorsätzlich falschen Beschuldigung der Hostienschändung wurden 1510 auf dem Neuen Markt zu Füßen der Marienkirche Juden auf dem Scheiterhaufen verbrannt und ihr in Spandau gelegener Friedhof zerstört. 1571 erfolgte eine erneute Ausweisung der wenigen sich wieder ansiedelnden Juden aus Berlin. Erst im Jahre 1671 gestattete ihnen ein Edikt des Großen Kurfürsten neuerlich die Ansiedlung. Die nunmehr Zuwandernden waren reiche jüdische Familien aus Wien. Das ihnen zugewiesene Wohngebiet lag in der Spandauer Vorstadt um die heutige Oranienburger Straße herum. Hier errichtete die Gemeinschaft lange vor dem Bau einer Synagoge – der erst 1712–1714 an der Heidereutergasse möglich war – 1672 den ersten Friedhof im Stadtgebiet in der Großen Hamburger Straße. Durch Zuwanderung aus den östlichen Provinzen Preußens nahm die Zahl der in Berlin beheimateten Juden in den nachfolgenden Jahr-

7

hunderten stetig zu. Weitere Gotteshäuser, wie die 1866 eingeweihte Neue Synagoge in der Oranienburger Straße, entstanden. Aber auch weitere Friedhöfe wurden angelegt. Diese sind heute als bedeutsame Kulturdenkmale erfaßt und bleiben für die Zukunft bestehen. In Berlin – jahrzehntelang Zentrum jüdischen Lebens des damaligen Deutschen Reiches – hatten die Juden einen sehr entscheidenden Anteil am gesellschaftlichen, wissenschaftlichen und kulturellen Leben. Obwohl niemals über einen relativ geringen Prozentsatz an der Gesamt-bevölkerung herauskommend, übten sie in den verschiedenen Bereichen einen oft wesentlichen Einfluß auf die Entwicklung dieser als ihre Heimat angesehenen Stadt Berlin aus. Die Namen derer, die sich Verdienste um die Stadt oder die jüdische Gemeinschaft erwarben, sind heute fast vollkommen vergessen, ihre Werke in den Wirren zweier Weltkriege zerstört, ihre Schriften und sonstigen Leistungen auf künstlerischem Gebiet oft verschollen. Einzige Erinnerung bleiben somit die Grabstellen auf den Friedhöfen.

Der jüdische Friedhof und seine Besonderheiten

Der deutsche Name »Friedhof« entstand wahrscheinlich in christlicher Umgebung und leitete sich von dem umgrenzten, »umfriedeten« Raum nahe der Kirche ab. Jüdische Begräbnisstellen mußten in der Zeit ihrer Entstehung meist weit außerhalb der damals bewohnten Örtlichkeit errichtet werden, auch wenn sie heute durch das Wachsen der Städte von diesen umschlossen sind. Für Juden waren die Friedhöfe seit jeher Orte besonderer Heiligkeit, und sie hatten einen anderen Namen, eine hebräische Bezeichnung wie

Bet ha-chajim – Haus des Lebens
Bet ha-kwarot – Haus der Gräber
Bet ha-olam   – ewiges Haus

oder wurden im deutschen Raum der
»gute Ort«

genannt. Diese Bezeichnungen können den, der die Bibel kennt, nicht verwundern. Die jüdische Religion geht von der Vorstellung aus, daß die Verstorbenen zu den Vätern eingehen und zu Gott, der stets ein Gott der Lebenden ist und sein wird. Außerdem sind jüdische Friedhöfe Plätze der »ewigen Ruhe« für die dort Beigesetzten, das heißt, es gibt keine Wiederbelegungen auf der gleichen Grabstelle, keine Aufhebung der Ruhefristen.

Seit der Zeit der Urväter haben die Juden ihre Toten immer begraben, wenngleich in unterschiedlicher Form. Die Einäscherung, wie sie bei den anderen Völkern und auch bei den Griechen Brauch war, lehnten sie ab. Ebenso überließen sie die Leichname nicht dem Fraß durch Vögel oder wilde Tiere. Das erste Begräbnis, von dem in der Bibel berichtet wird, ist die Beisetzung von Sara, der Frau Abrahams. Er bestattete sie eigenhändig in einer natürlichen Höhle (Machpela in Hebron) auf einem zu diesem Zwecke erworbenen Stück Land (1. Mose 23). Schon hier zeichnete sich eine Besonderheit der Frühzeit ab. Die Begräbnisstätten wurden auf dem eigenen Grund und Boden einer Familie errichtet, meist in natürlichen Höhlen. Somit waren im alten Israel ursprünglich Familiengräber üblich. Nicht zuletzt bedingte dies den Ausdruck: »zu den Vätern versammelt werden (Kewer awot – Grab der Väter)«. Dazu wurden, wie bereits vermerkt, vorhandene Höhlen und Grotten genutzt, die so zu Grabkammern wurden. In den natürlichen und künstlich geschaffenen Nischen wurden die Verstorbenen niedergelegt, der Zugang zur Höhle wurde durch einen Rollstein verschlossen. Wenn nach einiger Zeit die Leichen verwest waren, wurden die zurückbleibenden Knochen in den sogenannten Ossuarien eingesammelt. Damit bot sich wieder Raum für neue Beisetzungen. In ärmeren Familien, die keinen eigenen Grund und Boden besaßen oder sich nicht die aufwendigere Beisetzung in einer Höhle erlauben konnten, wurden die Verstorbenen wohl auch im Boden verscharrt.

Erstmals wird im babylonischen Talmud von Beerdigungsfeldern berichtet. Diese Beerdigungsform wurde auch von anderen Diaspora-Gemeinden übernommen, und hier finden sich wahrscheinlich die Vorläufer unserer heutigen Friedhöfe.

Die ältesten jüdischen Begräbnisplätze in Europa sind wiederum natürliche oder künstlich ausgebaute unterirdische Höhlen – die Katakomben in Italien. An die auf deutschem Boden errichteten Begräbnisfelder im Sinne heutiger Friedhöfe erinnern unter anderen nur wenige Grabsteine in Worms. Diese stammen zum Teil aus dem 12. Jahrhundert. Die mei-

Gräber im Kidrontal

sten Friedhöfe aus dem Mittelalter fielen den Judenverfolgungen zum Opfer, das heißt, mit der Vertreibung und Ermordung der Mitglieder der Gemeinden aus religiösen, gesellschaftspolitischen, materiellen oder anderen Gründen zerstörte man auch deren Begräbnisplätze. Die Steine fanden Verwendung beim Bau von Kirchen, Stadtmauern oder Befestigungsanlagen.

Eine eigentliche Sargkunst hat es bei den Juden niemals gegeben. Die Beisetzung der Leichname erfolgte entweder eingewickelt in ein Leinentuch oder später bis in die Jetztzeit in einem aus einfachen Brettern gestalteten Sarg. Besondere Schmuckelemente finden sich nur bei den bereits erwähnten Ossuarien (Gebeinskisten). Diese waren aus Kalkstein, etwa 50–80 cm lang, jeweils 30 cm hoch und breit. Auf ihnen erkennt man Verzierungen, die durch Einritzen hervorgebracht wurden. Meist waren es symmetrisch angeordnete Rosetten. Bei der Beisetzung in den Katakomben wurden vereinzelt Steinsarkophage geschaffen, in die man den Leichnam bettete. Diese Sarkophage wurden äußerlich wie die Ossuarien gestaltet, wobei neben den erwähnten Rosetten später auch religiöse Symbole und Darstellungen von Tieren Verwendung fanden. Die Katakomben selbst waren unterirdische Höhlen von zum Teil erheblichen Ausmaßen. Durch Gangsysteme miteinander verbunden, enthielten sie manchmal mehrere hundert Gräber. Hier fanden unter dem Einfluß künstlerischer Strömungen der Umwelt auch Bodenmosaiken, Wand- und Deckenmalereien zunehmend Verwendung. Bevorzugte Motive waren Kultgegenstände aus dem Gottesdienst, so zum Beispiel Darstellungen des siebenarmigen Leuchters (Menora).

Parallel dazu entwickelte sich mit den zunehmenden Erdbestattungen auch eine Grabmalkunst. Die Grabstätten wurden äußerlich besonders markiert, anfänglich durch kleine Steinhaufen, später durch das Aufstellen einer Grabstele (Mazzewa). In der Bibel wird ein Grabstein erstmals bei der Beerdigung Rachels durch Jakob erwähnt (1. Mose 35, 20). Jakob stand zu diesem Zweck keine Höhle zur Verfügung, es mußte also eine Erdbestattung erfolgen. Um die Stelle jedoch zu kennzeichnen, errichtete Jakob eine abgebrochene Säule. Der hierfür genutzte Begriff Mazzewa ist auch heute üblich. Daneben kannte man in alter Zeit aber auch noch die Begriffe Nefesch (Seele) und Zijun (Zeichen). Ersteres bedeutet Prunkgrab, Mausoleum. Neben den historischen Monumentalgrabstellen im Kidrontal hat diese Prunkform dann im 19. Jahrhundert besonders auf deutschen Friedhöfen eine Wiederentdeckung erfahren. Mit Zijun war dagegen mehr ein natürliches Zeichen, zum Beispiel ein Baum, gemeint oder eine einem solchen entsprechende Darstellung aus Stein.

Dem Grabstein ist die Bestimmung zugewiesen, die Erinnerung an den Toten nicht aus dem Gedächtnis schwinden zu lassen, andererseits aber auch den Platz der Beisetzung bebesonders hervorzuheben. Inschriften auf den Grabsteinen entstanden wahrscheinlich erst in griechisch-römischer Zeit. Bis ins 16. Jahrhundert befand sich allein der in hebräischer Quadratschrift eingemeißelte Name auf dem Stein. Allmählich kamen als zusätzliche Verzierung seitliche Rahmenbänder und auf den Freiflächen Ornamente und andere figürliche Darstellungen hinzu. Diese Motive wiesen auf den Namen des Verstorbenen hin oder hoben dessen Verdienste hervor. Dann arbeitete man die Schrift im Relief heraus, wodurch sich die Plastizität erhöhte. Außerdem wurden die Inschriften länger. Später kam es zur Umwandlung der seitlichen Rahmenbänder zu Säulen, die wiederum einen Spitzgiebel oder Rundbögen trugen. Kapitelle und Rundbögen gaben zusätzlichen Raum für weiteren bildnerischen Schmuck. In der zweiten Hälfte des 19. Jahrhunderts übernahm man von der christlichen Friedhofskunst den Sockel unter dem eigentlichen Grabstein. Mehr und mehr setzte sich bei der Grabsteinform der Obelisk durch. Aber auch die abgebrochene Säule als Hinweis auf ein zu früh beendetes Leben wurde vermehrt als Gestaltungsmittel genutzt.

Als Sonderform kamen wieder die aus den Katakomben bekannten Sarkophaggräber auf, nunmehr aber auf dem offenen Friedhof. Man

Ossuarium

12

Jacob van Ruisdael »Der Judenfriedhof«

sieht sie heute noch besonders zahlreich auf dem alten Judenfriedhof in Prag, fand sie früher auch auf dem Friedhof in der Großen Hamburger Straße und vereinzelt auf den übrigen Berliner jüdischen Friedhöfen. Im Volksmund wurden sie wegen ihrer besonderen Gestaltung »Häuslech« genannt, aber sie waren nur Scheinsarkophage. Die Toten wurden wie stets in einem Holzsarg erdbestattet und der Sarkophag dann später darüber errichtet. Diese Sarkophage waren sehr viel nüchterner als jene christlicher Beerdigungskunst, die unter den Gewölben der Kirchen oft zu einem besonders prunkvollen Schaustück wurden. Die flachen Deckenplatten verwandelten sich meist in ein

steiles Satteldach, an dessen Grabfronten hohe, es markierende Wände vorgelagert wurden. Die Dachträger ruhten auf niedrigen, mit flachen Aufsätzen gekrönten Längswänden. Die Hauptinschrift befand sich auf der Vorderplatte, ergänzende Inschriften verteilten sich über die übrigen Sarkophagfassaden. Ein Beispiel ist die Grabstelle des Philosophen Hermann Cohen in der Ehrenreihe des Weißenseer Friedhofes. Eine solche Darstellung findet sich auf dem Gemälde »Alter Judenfriedhof« von Jacob van Ruisdael. Auf den ansonsten aus Sandstein geschaffenen Grabsteinen finden sich vielfältig abgewandelte Symbole jüdischen Glaubens wieder, so unter anderem

Segnende Hände eines Cohen

Traube als Symbol für einen Familiennamen

Symbole an einer Grabstätte

Darstellungen eines Leuchters oder Nachbildungen antiker Öllampen, gleichsam den Spruch symbolisierend: »Eine Leuchte Gottes ist die Seele des Menschen.« Aber auch Kronen als Zeichen des guten Namens, Weintrauben als Ausdruck der Fruchtbarkeit oder eines gesegneten Erdenwirkens sowie Tierdarstellungen, die oft auf den Namen des Verstorbenen (Bär, Hirsch etc.) hinweisen. Die segnenden Hände mit den gespreizten Fingern, bei denen sich Daumen und Zeigefinger berühren, bedeuten, daß der Verstorbene ein Kohen (Priester) ist. Die Kohanim erteilen mit dieser Handstellung den Priestersegen über die Gemeinde. Bei einem Leviten – dem zum Dienst an den Priestern Berufenen – ist die Abbildung eines Kruges, oft zusammen mit einer Schüssel, in der das über die Hände der Priester gegossene Wasser aufgefangen wird, zu finden. Mit zunehmender Assimilation und Liberalisierung setzte sich auf den Friedhöfen deutscher Gemeinden neben der hebräischen Inschrift immer mehr eine solche in der Landessprache durch. Heute sind diese Inschriften ausschließlich in deutscher Sprache, und auch die Geburts- und Sterbedaten werden nach der weltlichen Kalenderzählung – und nicht mehr nach dem jüdischen Kalender – eingemeißelt.

Als letzter Rest der einst hebräischen Beschriftung erhielten sich lediglich gewisse Eulogien, das heißt die Gravur von Anfangsbuchstaben für gewisse formelhafte Begriffe. So kann man über dem Namen des Verstorbenen meist die hebräischen Buchstaben P T (Po Tamun) oder P N (Po Nitman oder Po Nikbar) lesen, was soviel bedeutet wie: hier ist begraben, hier ruht. Den Abschluß am unteren Rand des Grabsteines bilden wiederum im Sinne einer Eulogie die Buchstaben T N Z B H als Abkürzung des hebräischen Satzes: _T_ehi _N_afscho _Z_erurah _B_izror _H_a-chajim – Es sei seine (ihre) Seele eingebunden in den Bund des (ewigen) Lebens!

Kanne eines Leviten

Trauerbräuche

Die meisten Gesetze und Rituale im Judentum sind um gemeinschaftliche soziale Strukturen etabliert worden. Ein beträchtlicher Teil der Trauersitten stammt bereits aus der talmudischen Zeit und wurde über die Jahrhunderte hinweg tradiert und nur unwesentlich geändert. Erst die Liberalisierung der Neuzeit hat hier zu einem Wandel beigetragen, so daß auch in der Berliner Gemeinde nicht mehr alle der nachfolgend beschriebenen Bräuche von den Gemeindemitgliedern eingehalten werden. Der Trauernde führte die Trauerriten keinesfalls in der Isolation durch, sondern blieb gerade in dieser Zeit ein Mitglied der Gemeinschaft, worin natürlich eine Wechselbeziehung sichtbar wird.

So entstanden im ausgehenden Mittelalter die sogenannten Beerdigungsbruderschaften (Chewra Kaddischa – eigentlich wörtlich »heilige Vereinigung«), deren Aufgabe die Betreuung Kranker und Sterbender war, die sich aber ganz besonders um die Bestattung der Verstorbenen und die Hilfe für die Hinterbliebenen bemühten. Eine der ersten wurde 1564 vom Hohen Rabbi Löw in Prag gegründet. Später gehörten sie zum offiziellen Gemeindewesen in fast allen jüdischen Gemeinden. Die freiwillig in dieser Gesellschaft Mitarbeitenden vollzogen einen Teil der nachfolgend beschriebenen rituellen Handlungen.

Nach dem Tode eines nahen Verwandten fügen die Hinterbliebenen als Zeichen der Trauer ihrem täglich getragenen Kleidungsstück einen Riß zu (Keria), als Sinnbild des Risses im Herzen über den schmerzlichen Verlust. Sodann wird ein Licht entzündet, das sieben Tage brennen soll und an jedem Jahrestag des Todes des Verstorbenen wieder entzündet wird (Jahrzeit). Dies, weil in der Bibel die Seele des Menschen mit einem Licht verglichen wird. Früher vollzog man die sich nun anschließenden Vorbereitungen auf die Beisetzung im Haus oder in der Wohnung des Verstorbenen. Im Verlauf des vorigen Jahrhunderts errichtete man aber auf den Friedhöfen ein Gebäude, in welchem alle für die Beisetzung erforderlichen Geräte aufbewahrt werden. Hier erfolgt in einem gesonderten Raum die rituelle Waschung des Toten (Tahara). Dazu wird der Leichnam entkleidet und auf einem Marmortisch durch Begießen mit warmem Wasser gereinigt. Als Begründung bezieht man sich auf den Ausspruch von Juda he-chassid (im 12. Jahrhundert in Speyer lebend): »Der Mensch wird bei der Geburt gewaschen und ist rein. Darum soll er auch nach seinem Ableben gebadet werden.« Anschließend werden die Haare gekämmt und der Leiche die vorschriftsmäßig gefertigten Sterbegewänder (Tachrichin) angelegt. Diese bestehen für alle Verstorbenen unterschiedslos aus einem weißen Hemd, Beinkleid und Kopfbedeckung. Diese aus Leinen gefertigte Kleidung soll nach dem Tode alle sozialen Unterschiede auslöschen und gleichzeitig Reinheit und Einfachheit symbolisieren. Männer werden außerdem in ihren Gebetsmantel (Tallit), den sie zu Lebzeiten immer in der Synagoge anlegten, gehüllt, von dem aber zuvor die Schaufäden (Zizit) entfernt wurden. Anschließend legt man die Leiche in einen einfachen Sarg (Aron). Dabei wird unter den Kopf des Verstorbenen ein kleiner Beutel mit Erde aus dem Heiligen Land gelegt, damit so auch in der Diaspora die Heimkehr in die Erde des Landes der Vorväter ausgedrückt wird.

Die Aufbahrung des geschlossenen Sarges erfolgt in der Trauerhalle des Friedhofes. Zur Ehre des Toten und zur Tröstung der Hinterbliebenen wird eine kurze Leichenrede (Hessped) gehalten. Dazu spricht der Kantor oder Rabbiner bestimmte Gebete (u. a. El mole rachamim … Gott, Du bist voll Erbarmen! …). Unter dem Geleit der an der Feierlichkeit Teilnehmenden wird dann der Sarg zum Orte der Beisetzung getragen (Lewaja) und dreimal abgesetzt. Dabei sprechen der Rabbiner oder Kantor und die Begleitenden den 91. Psalm (»Wer wohnt im Schutze des Höchsten …«). Nachdem der Sarg in die Gruft abgesenkt wurde, werfen alle Teilnehmer nacheinander drei Schaufeln Erde in die Grube und sagen »Ki afar atta w'el afar taschuw« – »Von Staub bist Du und zum Staub kehrst Du zurück!«

Erst wenn der Sarg vollkommen von Erde bedeckt ist, spricht der Sohn des Verstorbenen oder ein anderer ihm nahestehender männlicher Familienangehöriger das Kaddisch-Gebet.

Dieses Gebet ist kein eigentliches Totengedenken, sondern in ihm soll die Erhabenheit, Heiligkeit und Machtvollkommenheit Gottes ausgesprochen werden. Man soll erkennen, daß Gottes Entscheidung, den Menschen aus dem Kreise der Lebenden abzuberufen, gerecht war, wenn auch schmerzlich. Es beginnt mit den Worten »Jisgadal W'jiskadasch sch'meh rabbo …« und lautet in der Übersetzung:

»Gepriesen und geheiligt sei Sein Name in der Welt, die Er nach Seinem Willen erschaffen. Sein Reich errichtete Er in eurem Leben und in euren Tagen und während des Lebens des ganzen Hauses Israel. Darauf sprecht: Amen (so sei es)!
Sein großer Name sei gepriesen, jetzt und in alle Ewigkeit!
Gelobt, gepriesen, verherrlicht im vollen

Ruhme und Glauben sei der Name des Allerhöchsten – gelobt sei Er – erhaben über jeden Lob-, Trost- und Segensspruch, die je in der Welt gesprochen. Darauf sprecht: Amen!
Die Fülle des Lebens und des Friedens komme vom Himmel über uns und über ganz Israel. Darauf sprecht: Amen!
Reicher Friede komme vom Himmel und Leben über uns. Er bringe Frieden über uns und über das gesamte Volk Israel. Darauf sprecht: Amen!«

Für die Trauernden beginnt nun die Trauerwoche (Schiwa – die sieben Tage). Die nächsten Angehörigen des Verstorbenen sollen sich jeder Arbeit enthalten, die Männer sich nicht rasieren, und die Trauernden sitzen auf niedrigen Schemeln beim Gebet. Zum Beginn des folgenden Sabbat warten die Trauernden am Freitag-Abend im Vorraum der Synagoge, bis nach der ersten Hälfte des Gottesdienstes der Vorbeter sie in die Synagoge geleitet. Von diesem Tage an bis zum Ablauf des 11. Monats sprechen die männlichen Angehörigen zu allen Gottesdiensten das Kaddisch-Gebet der Trauernden vor der Gemeinde. Mit dem 30. Tag nach der Beisetzung endet die Zeit (Sch'-loschim), in der Trauerkleidung getragen wird. Erst am Ende des Trauerjahres soll der Grabstein gesetzt werden.

Alljährlich am Todestag wird im häuslichen Bereich wiederum eine Kerze zur Erinnerung an den Verstorbenen angezündet, die dann vierundzwanzig Stunden von Sonnenuntergang bis Sonnenuntergang brennt (Jahrzeit). Außerdem wird das Grab des Verstorbenen aufgesucht und Kaddisch gesprochen. Dabei kann man, wie bei jedem sonstigen Besuch, einen kleinen Stein niederlegen, jedoch keine Blumen. Vielfältig sind die Erklärungen des Brauches, weshalb ein Steinchen niederzulegen sei. Am verständlichsten vielleicht jene, die darauf verweist, daß es in alter Zeit üblich war, daß jeder Besucher einen Stein mitbrachte, um so die Grabstelle zu kennzeichnen. Ehrfurchtsvoll legen auch heute noch Angehörige und Freunde diese kleinen Steine am Grabstein ab, um damit von ihrem Gedenken an den dort Beigesetzten zu zeugen. Wer über jüdische Friedhöfe geht, wird diesem Brauch immer wieder begegnen und selbst ermessen können, wie hoch die Verehrung für einzelne der dort beigesetzten Personen ist und bleibt.

Die Friedhöfe im Berliner Stadtbild

Friedhöfe sind so etwas wie topographische Orientierungspunkte, die das historische Wachstum der großen Städte erkennbar werden lassen. Indem sie nämlich schon von der Stadtgründung an in der Regel gleich jenseits vom bebauten Gelände, also draußen auf der Feldmark, und möglichst nahe an einem aus der Stadt führenden Weg, also »vor den Toren«, angelegt worden sind, halten sie die größeren Etappen der städtebaulichen Entwicklung sichtbar fest, vergleichbar den Jahresringen im Querschnitt eines Baumstammes. Zumeist sind sie sogar die letzten, noch übriggebliebenen Zeugen solcher Prozesse, denn die ursprünglichen und eigentlichen Grenzen der Stadt sind längst verwischt.

Zu den Friedhöfen, die noch heute die Stadtbildentwicklung von Berlin ablesbar machen, zählen auch die wenigen jüdischen, soweit sie überliefert sind oder ihre Lage bekannt ist. Diese Voraussetzung erfüllt der älteste, obwohl er heute nur noch als Parkanlage mit einigen Grabsteinrelikten existiert. In bezug auf seine Topographie bestätigt er diese allgemeine Regel: Seine Gründung 1672 erfolgte auf damals noch freier Flur gleich hinter dem Spandauer Tor an der nach Hamburg führenden Fernstraße und jenseits der Bastion, die mit zwölf anderen seit 1658 um die Stadt herum errichtet wurde. Schon um 1670 wuchs die Stadt über die Festungswerke hinaus. Sie wurden erst nach 1730 geschleift, aber der Friedhof blieb bestehen. Eine neue Grenzlinie der Stadt entstand 1732–1734 mit der sogenannten Akzisemauer, die auch wieder Tore erhielt, an denen Zoll erhoben wurde. Mehrere Friedhöfe wurden gleich hinter ihr angelegt, so der jüdische an der Schönhauser Allee.

In der nächsten Entwicklungsphase der Stadt, einer geradezu explosiven Ausdehnung in der zweiten Hälfte des 19. Jahrhunderts ohne die bisher so klaren Grenzlinien, sind es die umliegenden Dörfer, die von sich aus Zentren bildeten, um die herum Friedhöfe neu entstanden. Weißensee ist typisch für diesen Vorgang. Selbst der Stadtplan von heute läßt die ringförmige Anordnung aller Friedhöfe um den Ortskern mit dem Weißen See deutlich erkennen, und in eben diesen Kreis reihen sich die beiden jüngeren Berliner jüdischen Friedhöfe ein, der größte am Ende der Herbert-Baum-Straße und der Adass-Jisroel-Friedhof an der Wittlicher Straße. Beide wurden 1880 ihrer Bestimmung übergeben. Ihre Anlage entspricht der ganz vom Zweck bestimmten Ordnung, und die folgt uralten Gewohnheiten: Wie auch immer der Umriß aussieht – es sind quadratische, rechteckige oder sonstwie einfache geometrische Flächen, die die Gräberfelder bilden.

Friedhöfe reflektieren die Gesellschaft der Lebenden und ihre Geschichte. Infolge des zeitlichen Ablaufes ihrer Entstehung stellen die jüdischen Friedhöfe gleichsam die Kapitel dar, aus denen die Geschichte der Berliner Jüdischen Gemeinde herauszulesen ist, wobei sich in jedem Kapitel immer neu die Frage stellt nach dem Verhältnis zwischen der ethnischen Selbstbehauptung und dem Verlangen, die dadurch heraufbeschworene Isolation zu lockern und sich zu assimilieren.

Was in dieser Hinsicht den ältesten Friedhof in der Großen Hamburger Straße angeht, können wir uns nur auf die wenigen erhalten gebliebenen Grabsteine und auf zwei historische Aufnahmen berufen, die beide selbstverständlich nur Ausschnitte zeigen: die eine mit typischen Sarkophaggrabmalen, die andere, ein Bild des um 1880 neu errichteten Grabsteins für Moses Mendelssohn, mit zahlreichen Grabtafeln im Hintergrund. Indes genügt dies schon, um den Gesamtcharakter zu erkennen. Aus der wie gesetzmäßig vorgeschriebenen Uniformität der Steine, ihren nur geringen Höhendifferenzen, auch dem einheitlichen Material des Sandsteins spricht eine homogene, in sich beschlossene und von der Außenwelt noch kaum berührte Kultur der jüdischen Gemeinde.

Die Gemeinde, die nach 1827 ihren Toten auf dem Friedhof an der Schönhauser Allee Denkmale setzte, hatte sich verändert. Sie war nicht mehr ganz so einheitlich. Das war nicht zuletzt ein Ausdruck der Judenemanzipation im 19. Jahrhundert. Die Differenzierung der Grabmale nimmt zu, was die Typen, Formen und auch das Material angeht; neben den einfachen Sandstein tritt der kostbare Marmor. Man setzt das Grabmal schon bewußter zum Zeichen seines Standes – auch seines Wohlstandes. Am auffälligsten ist die Übernahme eines Grabmaltyps, den es auf jüdischen Friedhöfen vorher nicht gegeben hatte: das Wandgrab. Was sich geistig mit diesem Typ verbindet, ist von geradezu umwälzender Bedeutsamkeit, denn seine Bestimmung als Erbbegräbnis verheißt Seßhaftigkeit, eine Bleibe, eine Heimat, wo auch die künftigen Generationen ihre letzte Ruhe würden finden können. Man muß diesen Wandel vor dem weiten Hintergrund der Geschichte der Juden sehen, um sich seines Wertes für das Lebensgefühl der neuen Generation sicher zu sein. Sehr bald wird denn auch dieser Wert zur Selbstverständlichkeit; es wäre angesichts der zahllosen Erbbegräbnisse etwa auf dem Weißenseer Friedhof anachronistisch, ihn auch nur zu erwähnen. In der Schönhauser Allee jedoch wird er erstmalig dokumentiert in der stattlichen Reihe der Wandgrabmale entlang der Nordmauer. Es sind Tempelfronten im Stil des Klassizismus, ansprechend in ihrer Schlichtheit, anspruchslos, was das Material angeht: Fassaden aus verputztem Backsteinmauerwerk. Vor diesen Fronten, die den Familiennamen auf gußeisernen Platten tragen, wird nach jüdischer Tradition jedem Verstorbenen seine eigene Stele gesetzt. Aber dieser Brauch hält sich nicht durchweg; anstelle der Steine erscheinen später immer häufiger Inschrifttafeln, die in die Fassade eingelassen werden, wie etwa am Grabmal MEYERBEER.

Schon auf dem Friedhof an der Schönhauser Allee bekommt der Besucher einen Vorgeschmack von der Grabmalkunst, die ihn in unübersehbarer Anzahl auf dem Weißenseer Friedhof erwartet. Denn ein großer Teil der Erbbegräbnisse entlang der Ost- und der Südmauer und – sehr gedrängt – auf dem Feld L in der nordwestlichen Ecke ist erst nach der 1880 erfolgten Schließung entstanden, vereinzelte Beispiele selbst noch in den ersten beiden Dezennien unseres Jahrhunderts.

Der Weißenseer Friedhof ist mit ungefähr 115 000 Grabstellen die jüdische Nekropolis der Weltstadt Berlin. Am Ende und als Ziel des Kampfes der Juden um die Emanzipation steht die Integration, die in Berlin freilich ebenso erkauft ist mit dem Segen wie mit dem Fluch einer Metropole. Genau diese Diskrepanz reflektiert der Weißenseer Friedhof in unerbittlicher historischer Wahrhaftigkeit: Nirgendwo anders auf Berliner Friedhöfen klaffen die Gegensätze zwischen arm und reich so weit auseinander, und nirgendwo in der Stadt der Lebenden findet sich das ungelöste soziale Problem der Gesellschaft dieser Zeit auf so engem Raum so augenscheinlich dargestellt wie hier in den schlichten Steinen auf den Feldern, die gewissermaßen die Hinterhofarchitektur der Weltstadt vertreten, beispielsweise das »Scheunenviertel« hinter dem Alexanderplatz, und – im Gegensatz dazu, aber ebenso offensichtlich – in den monumentalen, mitunter monströsen Grabstätten, die die Stelle der Prunkbauten auf den Boulevards einnehmen. Hier fassen sie die Hauptwege ein sowie die eigens für sie angelegten Diagonalwege und Rondelle, und selbstverständlich stehen sie auch hier in lückenloser Reihe längs der Außenmauern. Ihre Auswahl ist bei dieser großen Zahl unvermeidlich streng, was natürlich der Absicht ihrer Auftraggeber genau entgegensteht, denn jeder von ihnen war bestrebt, sich von dem Nachbarn deutlich zu unterscheiden oder ihn sogar zu übertreffen. Das Wesentliche an dieser Art Grabmalkunst ist ein infolge des heute kaum noch vorstellbaren Reichtums hochgezüchtetes Repräsentationsbedürfnis und, damit verbunden, ein ausgeprägter Individualismus, der kein Gesetz der Ein- oder Unterordnung in das Ganze kannte und wohl auch gar nicht zu respektieren brauchte. Solch eine Einstellung zur Friedhofskultur reflektiert den schrankenlosen Liberalismus der Gründerjahre und der wilhelminischen Ära; besonders natürlich in Berlin als der Haupt- und Residenzstadt des neuen Kaiserreiches und als der sich entwickelnden Weltstadt.

Von dem Liberalismus, der sich bis in den religiösen Kultus auswirkte, kehrten sich die orthodox gesinnten Juden ab. Aus der an anderer Stelle dieses Buches geschilderten Entstehungsgeschichte der »Adass Jisroel« läßt sich die Begründung dafür ableiten, weshalb man sich auch in Hinsicht auf die Grabmalkunst auf die Tradition besann. Auf diesem Friedhof befindet sich kein Erbbegräbnis, kein Mausoleum, kein Tempel, keine Architektur – nur Stelen, Tafeln, Obelisken, gelegentlich eine Stellage aus Schmiedeeisen und ein schmiedeeisernes Gitter. Die These, daß Friedhöfe die Gesellschaft der Lebenden reflektieren, wird hier noch einmal bewiesen. Die so eindrucksvolle formale Geschlossenheit des Friedhofes in der Großen Hamburger Straße, von der schon die Rede war, gehört der Vergangenheit an. Es gibt sie nicht mehr. Aber sie ist uns an anderer Stelle und nicht weniger eindrucksvoll überliefert im Nordteil des Friedhofes an der Schönhauser Allee, insbesondere auf den Feldern A bis E. Und weil gerade die schlichtere Grabmalkunst zäh an traditionellen Formen festhält, findet man auch hier noch – nach 1827 – zahlreiche Steine im barocken Stil. Sonst herrscht nun selbstverständlich der Klassizismus – der Stil überhaupt, der die verschiedensten Richtungen der Weltanschauung, der Religion, der Moral miteinander verbindet und selbst scheinbar unüberbrückbare Gegensätze der Volkszugehörigkeit ausgleicht, sofern nur alle diese Unterschiede einen gemeinsamen

Ursprung haben: die Antike. So finden denn die aufgereihten Fassaden »heidnischer« Tempel an der Nordmauer ihr Spiegelbild auf manchen christlichen Friedhöfen dieser Zeit. Auch das Grabmal Karl Friedrich Schinkels, eine antikische Stele mit typischem Palmettenmotiv, das der Baumeister vieler klassizistischer oder gotisierender evangelischer Kirchen selbst entworfen hat, fand hier Nachfolger.

Unter den sogenannten Neostilen findet die Gotik am wenigsten Zugang zur jüdischen Grabmalkunst – in auffälligem Gegensatz zur christlichen. Kein anderer Stil versinnbildlicht so sehr die Christenheit, und da die Gotik im Gefolge der deutschen Romantik noch mit nationalistischen Tendenzen befrachtet wurde, paßte sie nicht ins jüdische Milieu. Die Romanik dagegen wurde mit Sympathie aufgenommen. Aus der Sicht des 19. Jahrhunderts erschien sie weltläufiger als die als barbarisch verfemte Gotik, und schließlich gab es auf deutschem Boden das bedeutendste architektonische Wahrzeichen des westeuropäischen Judentums im Mittelalter: die 1034 gegründete und 1174/75 neu erbaute Synagoge in Worms. Der romanisierende Stil findet sich, gleichsam auf der Grundlage einer noch in die echte Romanik zurückreichenden Tradition, in bemerkenswerter künstlerischer Qualität vor. Der gelegentliche Einschlag des Maurischen in den Romanismus wurde natürlich direkt vom Stil der Neuen Synagoge in der Oranienburger Straße übernommen.

Für die Neurenaissance und den Neubarock war man um so empfänglicher, als man diese Stile von der Architektur der Wohnhäuser und Villen, der Banken und Geschäftshäuser her gewohnt war.

Der Jugendstil äußert sich vornehmlich im Detail. Eine seiner großen Errungenschaften, die Erkenntnis vom ornamentalen Charakter und der Ausdruckskraft der Schrift, tritt beispielhaft in Erscheinung in Namenstafeln oder Inschriften aus Stein oder Bronze. Wahrscheinlich kommt hinzu, daß das Geschriebene überhaupt viel von seiner ursprünglichen kultischen und religiösen Bedeutung im Judentum bewahrt hat.

Die 20er Jahre unseres Jahrhunderts, gekennzeichnet von einer Vielzahl stilistischer -ismen, bieten in der Grabmalkunst entsprechend differenzierte Gestaltungstendenzen. Aber auch wenn hier, wie sonst in der Architektur, auf herkömmliche Formen, vor allem auf das Ornament, grundsätzlich verzichtet wird, bleiben die traditionsreichen jüdischen Grabmaltypen doch lebendig. Auf beiden Friedhöfen, Schönhauser Allee und Weißensee, Herbert-Baum-Straße, finden wir dafür hervorragende Beispiele. Mit ihnen hört die Berliner jüdische Grabmalkunst auf – unnatürlich und, wie wir wissen, in einem gewaltsamen, durch den Massenmord an den jüdischen Menschen gezeichneten Ende.

Jüdische Friedhöfe in Berlin

Der Juden-Kiewer in Spandau

Die ersten in Berlin lebenden Juden setzten ihre Verstorbenen nicht im Stadtgebiet bei, sondern auf dem Juden-Kiewer in Spandau. Dieser erstmals 1324 erwähnte Friedhof war nicht im Besitz der dort ansässigen Juden, sondern Eigentum der Stadt Spandau. Für seine Benutzung mußte an die Stadt ein jährlicher Grundzins von 1 Schock und 13 Groschen entrichtet werden, zu dem bei Sterbefällen noch eine Bestattungsgebühr sowie ein Durchfahrtzoll für den Transport der Leichen durch das Spandauer Stadtgebiet kamen.

Nach der Vertreibung der Juden aus der Mark im Jahre 1510 wurde der Juden-Kiewer für andere Zwecke genutzt, die abgeräumten Grabsteine fanden beim Bau der Zitadelle (1520–1533) Verwendung. Erst in unserem Jahrhundert sind einzelne von ihnen bei Bauarbeiten freigelegt und geborgen worden.

Der Friedhof an der Judengasse

In den Jahren nach der Neuansiedlung von Juden in Berlin um 1539 bis zu ihrer erneuten Vertreibung 1571 wurde vermutlich auf einem Friedhof an der damaligen Judengasse, der späteren Landwehrstraße, bestattet. Ob dieser Friedhof, wie berichtet, auch schon vorher bestanden hat und ob man auf ihm die Opfer der Judenverfolgungen von 1348, 1510 und 1571 bestattet hat, konnte bisher nicht ermittelt werden. Der Friedhof, der auch in dem »Grundriß der Königlichen Residenzstädte Berlin« zu Friedrich Nicolais »Beschreibung Berlins 1786« vermerkt ist, soll ursprünglich von der westlichen Seite der Judengasse (Landwehrstraße) bis zur Lietzmann-(Gerlach-),

Großen Kirch-(Georgenkirch-) und Gollnowstraße gereicht haben. 1866 ist ein bis dahin bestehendes Leichenwaschhaus als letzter Überrest dieses Friedhofes abgetragen worden. Im Verlaufe des Wiederaufbaus Berlins wurde um 1965 an der damaligen Gerlachstraße 19 eine kleine Synagoge abgerissen. Eine Wand dieser Synagoge trug eine Steinplatte, deren hebräischer Text daran erinnerte, daß an dieser Stelle die Überreste der 1510 auf dem Neuen Markt in Berlin verbrannten Juden beigesetzt worden waren. Diese noch vorhandene Steinplatte stammt aber erst aus unserem Jahrhundert. Heute ist die Gegend völlig verändert. Der Friedhof lag südlich der Moll-, etwa in Höhe der Berolinastraße.

Oranienburger Straße / Große Hamburger Straße 26

Im Jahre nach der Neugründung der Jüdischen Gemeinde Berlin wurde 1672 an der Oranienburger Heer- und der Großen Hamburger Straße ein neuer Friedhof eingeweiht. Das 0,59 ha große Gelände war von Mordechai Model, Sohn von David Tewele Halewi Öttingen = Model Riess gekauft und der Jüdischen Gemeinde als Begräbnisplatz übergeben worden. An den Stifter erinnert noch heute eine Gedenktafel mit dem hebräischen Text: »Der hier Bestattete erwarb im Jahre 1672 dieses Grundstück zum Begräbnisplatz, auf welchem bis zum 24. Juni 1827 beerdigt wurde. Das Andenken dieses Friedhofsbegründers ehrte durch diese Denktafel im Jahre 1884 Samuel Nehemias Speier, ein in 8. Generation von ihm abstammender Enkel.«

Grabstein vom Juden-Kiewer in Spandau *Gedenktafel der Jüdischen Gemeinde Berlin*

Sarkophaggräber – ehemaliger Zustand

Grab Moses Mendelssohn vor der Zerstörung   *Grab Moses Mendelssohn – heutiger Zustand*

Bis zur Schließung 1827 sollen auf diesem Friedhof 12 000 Verstorbene bestattet worden sein. In einem 1872 abgeschlossenen Verzeichnis hat der damalige Inspektor dieses Friedhofes, Leiser Landshut, noch 2767 Grabstätten erfaßt. Viele, insbesondere hölzerne Grabzeichen für ärmere Verstorbene, sollen bei einem großen Brand in der Oranienburger Straße durch Feuerwehrspritzen, die den Friedhof überfahren mußten, zerstört worden sein.

Der berühmteste der auf diesem Friedhof Bestatteten war der Philosoph und Vorkämpfer der Judenemanzipation Moses MENDELSSOHN (1729–1786). Sein jetziges Grabmal, ein schlichter Muschelkalkstein, ist das dritte. Das erste, ein ähnlich einfacher Stein, uns durch eine Zeichnung Wilhelm Chodowieckis überliefert, war um 1880 durch ein großes schwarzes Granitmal mit goldenen Lettern ersetzt worden. Gleichzeitig hatte man die Grabstätte mit einem eisernen Gitter eingehegt und sie so aus der Gemeinschaft der übrigen herausgehoben.

Nahe Mendelssohn lag sein Lehrer, der Rabbiner David FRÄNKEL, dem er vierzehnjährig aus Dessau nach Berlin gefolgt war. Ferner der Seidenfabrikant Isaak BERNHARD, der dem jungen Mendelssohn eine Existenz als Hauslehrer und Buchhalter in Berlin gegeben hatte, und viele andere mehr. Die Gräber sind alle zerstört, auch die Grabstätte MENDELSSOHNS ist nur ungefähr an jener Stelle wieder eingerichtet worden, wo sie sich einmal befunden hat.

Figurengruppe von Will Lammert nahe dem Friedhof Oranienburger Straße /
Große Hamburger Straße 26

Den Eingang zum Friedhof bildete früher das 1828 eingeweihte erste Altersheim der Jüdischen Gemeinde, in dem 1941 die Gestapo eines ihrer berüchtigten Sammellager eingerichtet hatte, in denen die faschistischen Mörder mehr als 50 000 Juden aus Berlin zum Transport in die Vernichtungslager zusammengetrieben haben. Das Haus wurde zerstört. An seiner Stelle mahnen ein Gedenkstein und seit 1985 eine Figurengruppe des Bildhauers Will Lammert an die Greuel, die hier geschehen sind.

Schon früher als das Altersheim war der Friedhof vernichtet worden. 1943 hatte die Gestapo mittendurch einen Splittergraben ziehen, ihn mit Grabsteinen absteifen und die Gebeine der Toten hinauswerfen lassen. Nur ein paar Grabmale, die in die Mauer eines an-

grenzenden Hauses eingelassen waren, blieben von dem alten Friedhof erhalten, darunter auch jenes des Gumpericht Jechiel ASCHKENASI, der hier 1672 als erster beigesetzt worden war.

Zweiter Spandauer Friedhof

Die zu Beginn des 18. Jahrhunderts wieder entstandene jüdische Gemeinde in Spandau hatte bis 1858 keinen eigenen Friedhof und mußte ihre Verstorbenen in Berlin begraben. 1859 erwarb sie für 33 Taler am Schülerberg in Spandau 96 Quadratruten, das sind etwa 5,6 Hektar, Land zur Errichtung eines eigenen Begräbnisplatzes. Der Kauf wurde am 13. April 1865 notariell bestätigt. Das Gelände war zu-

Grabsteine in der Südwand des Friedhofes Oranienburger Straße / Große Hamburger Straße 26

nächst mit einem einfachen Holzstaketenzaun eingefaßt und hatte lediglich einen Holzschuppen als Leichenhalle. Erst 1913 sind dort als Feierhalle ein massiver Zentralbau (Architekt Steil) sowie eine feste Einfriedung errichtet worden.

Da die Synagogengemeinde Spandau mit Wirkung vom 1. Januar 1939 in die Jüdische Gemeinde zu Berlin eingegliedert worden war, unterstand dieser dann auch der Friedhof in Spandau. Das regionale Wehrkreiskommando wollte 1940 das inmitten militärischer Anlagen befindliche Gelände in seine Bebauungspläne einbeziehen und strebte daher eine Räumung an. Nach Verhandlungen zwischen dem damaligen Dienststellenleiter der Friedhofsverwaltung Berlin-Weißensee, Landgerichtsdirektor a. D. Arthur Brass, und dem zuständigen Ober-

stabszahlmeister Zimmermann von der Heeresstandortverwaltung Spandau-Ruhleben erfolgte im Mai/Juni 1940 die Exhumierung der etwa 200 auf dem Friedhof Beigesetzten. Die Gebeine der Verstorbenen wurden durch jüdische Arbeitskräfte in neue Särge gebettet und zu einem vorbereiteten Feld auf dem Adass-Jisroel-Friedhof in Berlin-Weißensee überführt. Selbst die Grabsteine konnten entfernt und erneut aufgestellt werden. Nach Abschluß aller Arbeiten fand eine schlichte Feier im Gedenken an die Wiederbeigesetzten statt.

In einem unter dem Datum des 17. Juni 1940 erstellten notariellen Vertrag wurde die Übertragung des ehemaligen Friedhofsgrundstückes bestätigt und die Kaufsumme von 10 300,– RM an die Hauptgemeinde ausgezahlt.

Da es sich hierbei um ein Kapitel besonderer Art in der Geschichte der Berliner Jüdischen Gemeinde handelt, sicherlich einmalig in Deutschland, eingebettet in die Jahre der grausamsten Verfolgung durch das faschistische Gewaltregime, sollte es in diesem Zusammenhang nicht unerwähnt bleiben.

Köpenick, Mahlsdorfer Straße

Ein weiterer jüdischer Friedhof lag im Stadtbezirk Köpenick an der Mahlsdorfer Straße. Es war dies der Friedhof der ehemaligen Jüdischen Gemeinde zu Köpenick, die bis zur Eingliederung der Stadt Köpenick in den Stadtverband Groß-Berlin im Jahre 1920 existiert hat.

Der Friedhof besteht nicht mehr, von ihm sind nur einige Grabsteine sichergestellt worden. Sie haben inzwischen auf dem Friedhof Herbert-Baum-Straße, wo einmal die Neue Feierhalle gestanden hat, ihren endgültigen Platz erhalten. Aus der Inschrift eines der Grabmale wissen wir, daß auf dem Friedhof noch 1937 Beisetzungen stattfanden.

Der Adass-Jisroel-Friedhof

Die Wahl des liberalen Rabbiners Dr. Josef AUB 1866 zum Nachfolger des wegen seiner Frömmigkeit und Gelehrsamkeit hochverehrten, 1864 verstorbenen Dr. Michael SACHS, der Einbau einer Orgel in der Neuen Synagoge Oranienburger Straße, Veränderungen an der Gebetsordnung und schließlich noch die Wahl des ebenfalls liberalen Rabbiners Dr. Abraham GEIGER 1869 führten zum Protest der orthodox gerichteten Mitglieder der Gemeinde und zu ihrem Zusammenschluß als Adass Jisroel (Gemeinde Israels). Diese Religionsgemeinschaft berief Dr. Israel HILDESHEIMER (1820–1899) aus Eisenstadt zu ihrem Rabbiner, errichtete eine kleine Synagoge in der Gipsstraße und gründete auch ein eigenes Rabbinerseminar.

Nachdem der Vorstand der Jüdischen Gemeinde zu Berlin all denen, die aus ihr ausgetreten waren, die Nutzung des Friedhofs der Gemeinde untersagt hatte, erwarb die neue Religionsgemeinschaft am 22. Dezember 1878 ein etwa 2,09 Hektar großes Gelände in Weißensee an der jetzigen Wittlicher Straße zur Einrichtung eines Friedhofs. Der Preis betrug einschließlich der errichteten Gebäude 30 000 Mark.

Am 24. Februar 1880 wurde dort als erster Abraham MICHELSON beigesetzt. Insgesamt sind auf diesem Friedhof in der Folgezeit etwa 3000 Beerdigungen vorgenommen worden. Der Friedhof wurde während des Krieges nur geringfügig in Mitleidenschaft gezogen, lediglich die Feierhalle ist durch Bomben zerstört worden.

Wir finden hier bei weitem nicht so prunkvolle Grabstätten wie auf den anderen jüdischen Friedhöfen. Repräsentative Erbbegräbnisse fehlen ganz. Von den Bestatteten seien außer dem schon erwähnten ersten Rabbiner der Gemeinde Israel HILDESHEIMER genannt: Hirsch HILDESHEIMER (1855–1910), der Dozent für jüdische Geschichte und Palästina-Geographie am Rabbinerseminar in Berlin war, die orthodoxe Wochenzeitschrift »Jüdische Presse« herausgab, 1901 den »Hilfsverein der deutschen Juden« mitbegründete und die »Beiträge zur Geographie Palästinas« (1885) sowie ein »Gutachten über die Schechita« (1902, 1908) veröffentlichte.

Meier HILDESHEIMER (1864–1934), der wie sein Vater Rabbiner sowie Lehrer an der Schule von Adass Jisroel und Mitarbeiter am Rabbinerseminar war.

Professor Dr. David HOFFMANN (1843–1921), der nach 1899 Rektor des Rabbinerseminars wurde.

Der Bildhauer Jakob PLESSNER (1871–1936), der in Berlin zur Welt kam und hier auch u. a. bei Peter Breuer und Paul Meyerheim studierte. Als Dreißigjähriger erhielt er den Michael-Beer-Preis, der ihm ein Studienjahr in Rom ermöglichte. PLESSNER hat mehrere Bildnisbüsten, wie die vom Großen Kurfürsten,

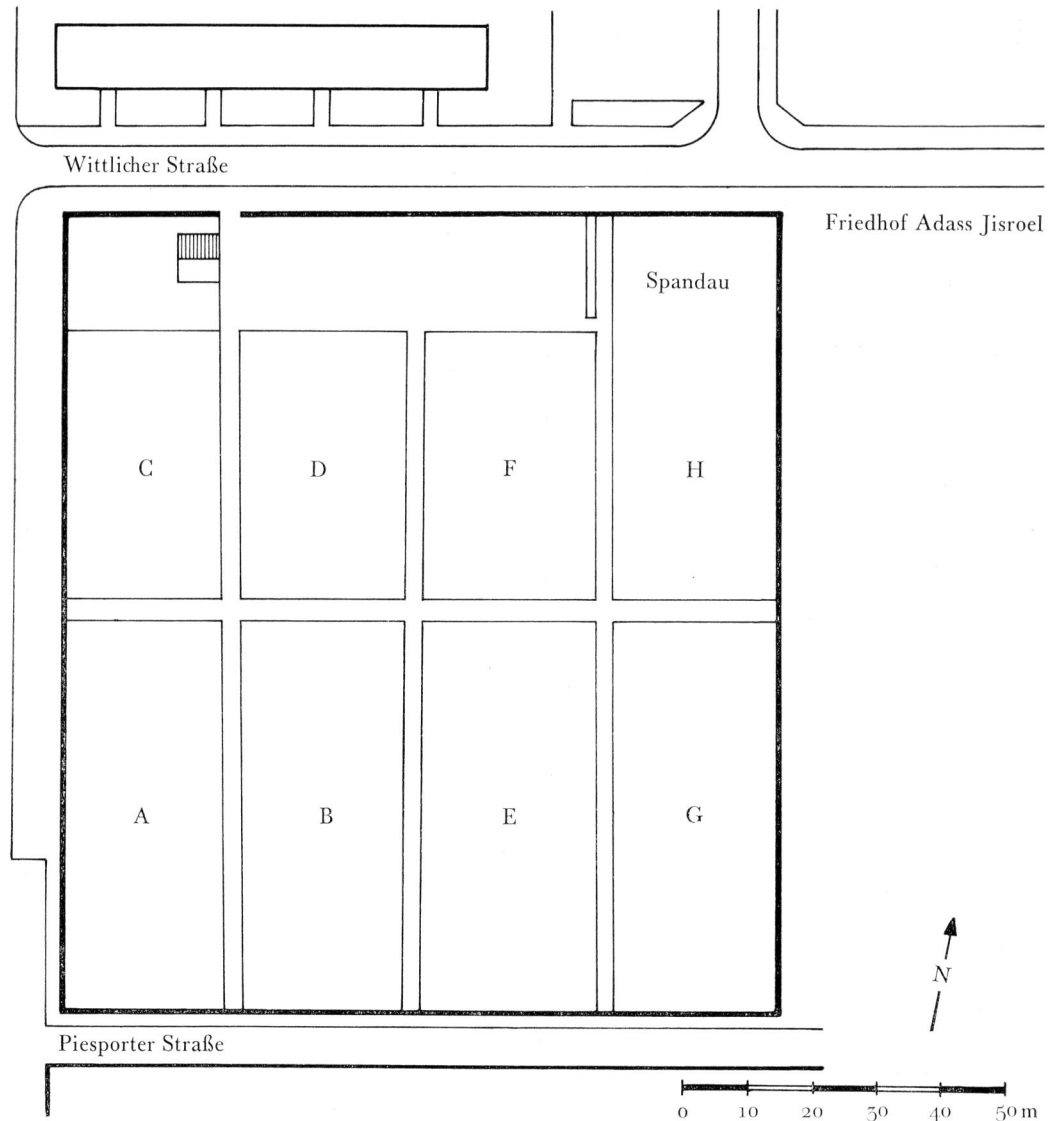

Wittlicher Straße

Friedhof Adass Jisroel

Spandau

C

D

F

H

A

B

E

G

N

Piesporter Straße

0   10   20   30   40   50 m

von Moses Mendelssohn, Louis Sachs und Oskar Tietz, oder auch Skulpturen wie den »Bücherwurm« für die Deutsche Bücherei in Leipzig und die »Bettelweiber von Perugia«, die von der Königin der Niederlande erworben wurde, geschaffen.

Der Artist Siegmund Breitbart (1893–1925), Sohn eines Schmiedes aus der Łódźer Vorstadt Strików, war schon als Kind durch seine ungewöhnliche Körperkraft aufgefallen. Dank der

Einflußnahme einer reichen Wohltäterin aus der Armee des Zaren entlassen, konnte er zur Ausbildung als Ringer nach Amerika fahren. Dort kam er dann bald als der »Eisenkönig« in das Show-Geschäft. Im »Berliner Tageblatt« las man nach dem Tode Breitbarts: »Der ›letzte Gladiator‹ nannten ihn die Reklameplakate. Wahrlich, wenn er, von schmetternden Fanfarenstößen begrüßt, auf einer Quadriga in die Arena fuhr, angetan mit blitzenden Schienen, einen goldenen Helm auf dem

Gräber auf Adass Jisroel

Jakob Plessner

Siegmund Breitbart

Kopf, dann glaubte man ihm den ›letzten‹. Seine Produktionen begann er jeden Abend damit, daß er eine gewaltige Eisenstange in die Rechte nahm und sie über dem linken Arm krummschlug. Die Geschichtsschreiber berichten von Karl dem Großen, daß er ein Hufeisen mit den Händen zerbrach. Welche Kraft! BREITBART aber zerbrach nicht nur Hufeisen wie Glas, sondern er schmiedete sie sich erst aus glattem kaltem Eisen. Seine Hämmer waren die Fäuste. Ketten zerbiß er wie Brötchen, schwere Steine ließ er sich auf dem Schädel zerschmettern ... Tausend und abertausend Nägel sind ihm ins Fleisch gedrungen ... Sie alle konnten ihm nichts anhaben. Wirklich nicht? Einer war rostig, und an ihm ist er gestorben.«

Über die Bestattung BREITBARTS wurde in dem artistischen Fachblatt »Das Programm« berichtet: »Die Beisetzung fand am 13. d. M. auf dem alten israelitischen Friedhof ›Adass Jisroel‹ in Berlin-Weißensee statt. Eine große Menschenmenge belagerte schon lange vor Beginn der Trauerfeierlichkeiten die Leichenhalle, welche überfüllt war von denen, die dem verstorbenen Eisenkönig das letzte Geleit geben wollten, und immer mehr strömten noch hinzu. Auf allen Wegen sah man Kino-Operateure, die Hand an der Kurbel, um die Heimgeleitung BREITBARTS zu seiner letzten Ruhe der Mit- und Nachwelt überliefern zu können. Zwei Sipobeamte waren mit mehr oder weniger Erfolg bemüht, die Passage freizuhalten, um dem schmucklosen Sarg seinen letzten Weg zu ebnen. Die Ordner kamen in ihrer Verzweiflung endlich auf die Idee, die Trauergäste Hand in Hand eine Kette legen zu lassen, um so endlich die Passage zu sichern. Hinter dem Sarge wankte von zwei Personen hilfreich gestützt die Witwe, hinter ihr der Bruder des Verstorbenen. Dem alten Ritus der Gemeinde folgend, auf deren Friedhof der Dahingegangene bestattet wurde, wurde am Grabe nur ein kurzes Gebet gesprochen, dann strömte die Menge zur Halle zurück, und der Riese BREITBART hatte seine Ruhe gefunden. Vor und nach der Bestattung hielt Dr. Hildesheimer eine ergreifende Rede in der Friedhofshalle. Die Teilnahme derjenigen, die dem Verstorbenen die letzte Ehre gaben, wurde nur dokumentiert durch ihre Anwesenheit, da Blumenspenden ausgeschlossen waren.«

Die Kennzeichnung der Grabstätten durch mehr oder weniger schlichte Denkmale und das Bemühen, diese auch künstlerisch zu nivellieren, bestimmt das optische Bild des Friedhofes. Erwähnt sei, weil noch relativ gut erhalten, die Grabstätte MUGDAN mit einer hohen, von einem Davidstern bekrönten Stellage aus schmiedeeisernen Stäben mit neuklassizistischem Dekor, nach 1907.

Das Gitter am Grabe des Kantors Salomon WINTER, gestorben 1910, fällt durch seine strenge und kantige Gestaltung unter den sonst eher neubarocken besonders auf.

In der ersten Reihe der Abteilung F stehen zwei Stelen aus Muschelkalkstein an Gräbern der Familie SCHOCKEN. Entworfen hat sie der Architekt der Warenhäuser Schocken in Karl-Marx-Stadt (Chemnitz), Nürnberg und Stuttgart, Erich Mendelsohn.

Grabstätte Mugdan

Die Gemeinde Adass Jisroel besteht heute nicht mehr, und so finden hier auch keine Beerdigungen mehr statt. Nur zahlreiche während der Zeit des Faschismus geschändete Thorarollen wurden auf diesem Friedhof nahe dem Eingang in die Erde gebettet (zur Erklärung siehe Seite 108–110).

Schönhauser Allee 23–25

Der nächste Begräbnisplatz der Jüdischen Gemeinde Berlin in der zeitlichen Reihenfolge ist jener in der Schönhauser Allee 23–25. Es hat lange gedauert, bis die Juden die Beisetzungen auf ihrem alten Friedhof einstellten. Schon 1774 forderte das Obersanitätskollegium die Einstellung der Beisetzungen in Kirchen und -gewölben Berlins und die völlige Verlegung der Begräbnisplätze außerhalb der Ringmauern. Zehn Jahre später erneuerte der Chirurg Schack diese Forderung. 1794 wurde dann in das Preußische Allgemeine Landrecht der Passus aufgenommen, daß »in Kirchen und in bewohnten Gegenden keine Leichen beerdigt werden sollen«.

Am 23. Dezember 1799 schließlich verlangten die Mitglieder der Versammlung der Spandauer Vorstadtgemeinde, zu der auch die Gegend um die Oranienburger und die Sophienstraße gehörte, nachdrücklich die Verlegung des jüdischen Friedhofes aus der Großen Hamburger Straße.

Doch erst am 7. Dezember 1817 erließ die königlich-preußische Regierung eine Aufforderung an die Ältesten der Berliner Jüdischen Gemeinde, innerhalb eines Vierteljahres einen neuen, zur Begräbnisstätte geeigneten und außerhalb der Stadt gelegenen Platz vorzuschlagen. Dieser Aufforderung folgte dann am 4. September 1824 noch eine mahnende dringliche Verfügung.

Ende Oktober 1824 kaufte die Jüdische Gemeinde für 5800 Taler ein 19,5 Morgen, also fast 5 Hektar, großes Grundstück des Meiereibesitzers Wilhelm Büttner vor dem Schönhauser Tore an dem alten Weg nach Pankow, der, nachdem er gepflastert worden war, zunächst Pankower Chaussee hieß und 1841 schließlich in Schönhauser Allee umbenannt wurde.

Die Anlage des Friedhofes wurde durch den Stadtbaurat Friedrich Wilhelm Langerhans vorgenommen. Nur zur Schönhauser Allee hinter einer repräsentativen Mauer als Friedhof erkennbar, sind seine übrigen Seiten von Wohnhäusern und -höfen umschlossen.

Die Mauer an der Straßenfront mit der Torumbauung und dem Pförtnerhäuschen sowie die kriegszerstörte Feierhalle, die Leichenhalle und das Verwaltungsgebäude wurden 1890 durch den in dieser Zeit für die Jüdische Gemeinde Berlin tätigen Architekten Johann Hoeniger im Stil der Neorenaissance errichtet. An der Stelle der zerstörten Gebäude mahnt heute eine 1961 von Ferdinand Friedrich entworfene Gedenkstätte an die Opfer der Nazibarbarei. Innerhalb des Friedhofes sind auch verschiedene Grabstätten durch Bomben- und Granateinschläge vernichtet worden.

Das ungleichseitige Fünfeck des Friedhofes ist gegliedert durch ein Wegenetz, im wesentlichen bestehend aus einem entlang den Friedhofsgrenzen und drei senkrecht zur Schönhauser Allee verlaufenden Hauptwegen. Ihre Breiten wechseln, weil man sie an vielen Stellen, wohl aus Mangel an Beisetzungsflächen, immer wieder eingeschränkt hat, um zusätzliche Grabstätten einzurichten.

Entlang diesen Hauptwegen aufgereiht finden wir repräsentative Erbbegräbnisse für wohlhabende Gemeindmitglieder. Wir treffen hier auch auf eine Ehrenreihe für Verstorbene, die sich um die Jüdische Gemeinde oder um das Judentum besonders verdient gemacht haben.

Innerhalb der von den Hauptwegen umschlossenen Abteilungen jedoch überwiegen sehr schlichte Grabmale, viele Gräber sind dort auch nur durch einfache Nummernsteine gekennzeichnet.

Bis 1880 waren hier 22 500 Einzelgräber und 750 Erbbegräbnisse angelegt worden. Leider ist das Bestattungsregister dieses Friedhofes nicht vollständig erhalten oder aber zumindest nicht mehr auffindbar, und so beruht die Kenntnis über dort beigesetzte Verstorbene auf

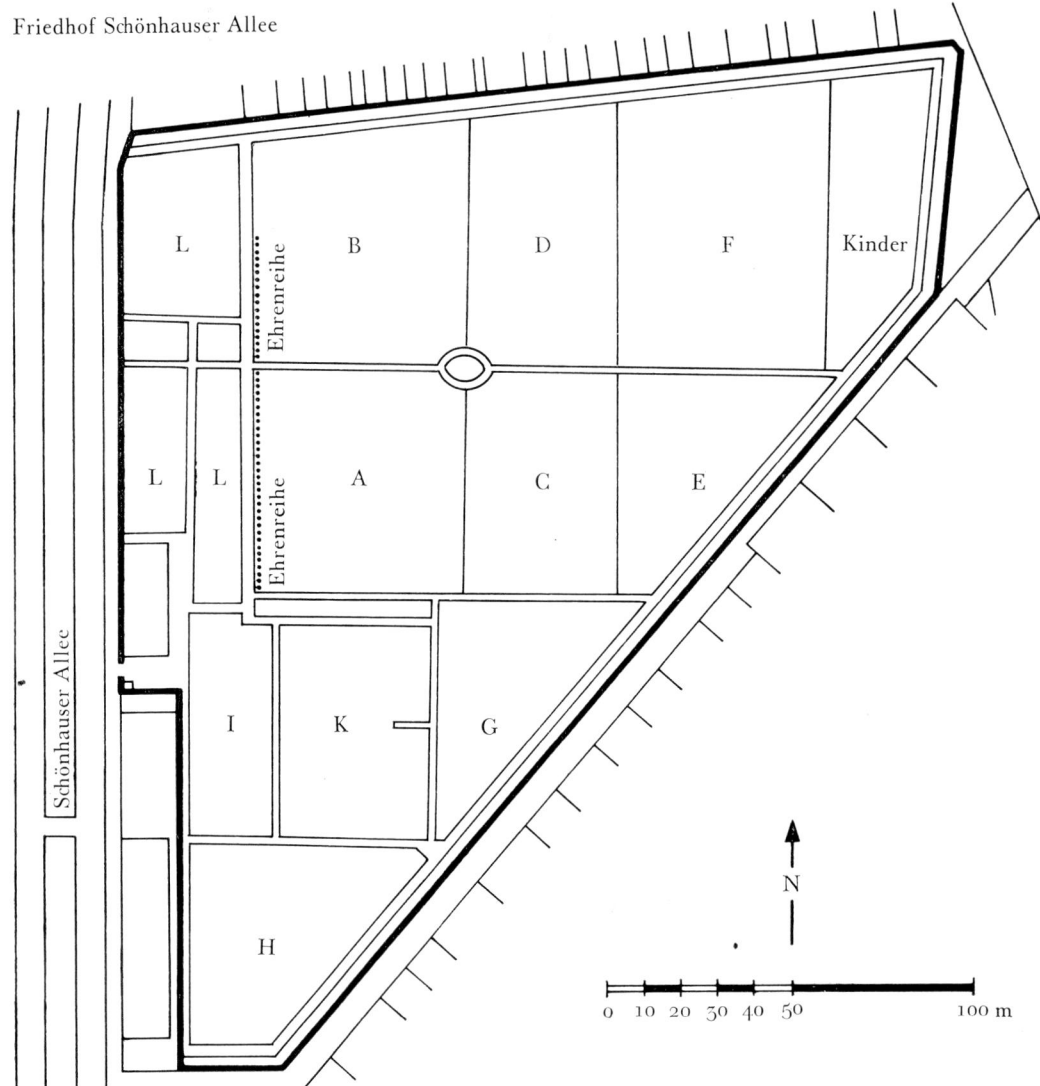

L · B · D · F · Kinder · Ehrenreihe · L · L · A · C · E · Ehrenreihe · Schönhauser Allee · I · K · G · H · N · 0 10 20 30 40 50 100 m

älteren Veröffentlichungen und auf mündlichen Überlieferungen. Deshalb und infolge der durch Bomben verursachten Zerstörungen gelingt es nicht in jedem Fall, eine Grabstätte zu ermitteln.

Beginnen wir unseren Rundgang an der Gedenkstätte nahe dem Friedhofseingang, so treffen wir schon nach wenigen Metern an der Straßenseite des Weges auf zwei gleiche Grabsteine aus schwarzem Granit für das Ehepaar Poppelauer.

Moritz POPPELAUER (1824–1880) gründete 1860 in Berlin die Poppelauersche Verlagsbuchhandlung, in der er Ritualien, pädagogische Schriften, Werke von Zunz, Steinschneider, Cassel, Lebrecht und Zomberg sowie Lieder und synagogale Kompositionen von Lewandowski verlegt hat.

An der gleichen Seite, jedoch in der zweiten Gräberreihe vom Weg aus, liegt die Grabstätte des Mediziners Louis WALDENBURG (1837 bis 1881). WALDENBURG, der 1871 in Berlin eine

a. o. Professur erhielt und 1877 als Leitender Arzt an die Charité berufen wurde, war ein engagierter Vorkämpfer für die Einrichtung von Lungenheilstätten. Von 1868 bis zu seinem Tode wirkte WALDENBURG auch als Redakteur der »Berliner Klinischen Wochenschrift«. Unter seinen zahlreichen Veröffentlichungen sind zu nennen: »Über Blutaustritt und Aneurysmenbildung durch Parasyten bedingt« (1860), »Über Struktur und Ursprung der wurmhaltigen Cysten« (1862), das »Lehrbuch der respiratorischen Therapie« (1864), »Die Tuberkulose, die Lungenschwindsucht und Skrophulose« (1869) sowie »Die pneumatische Behandlung der Respirations- und Zirkulationskrankheiten« (1875).

Wiederum ein paar Schritte weiter ragt in der gleichen Reihe das markante Grabmal des Hofbankiers Gerson von BLEICHRÖDER (1822–1893) hervor. BLEICHRÖDER, der Vertrauensbankier der preußischen Regierung und Finanzberater Otto von Bismarcks, wurde 1872 als erster ungetaufter Jude in Preußen in den erblichen Adelsstand erhoben. Das Grabmal hat eine

Vorgeschichte. BLEICHRÖDER beauftragte den schon damals hoch geschätzten Bildhauer und Hauptmeister des Berliner Neubarocks, Reinhold Begas, dem er auch persönlich in Freundschaft verbunden war, mit dem Entwurf eines Familienmausoleums. Begas schätzte die Kosten auf 75 000 Mark, was offenbar selbst einem Gerson von BLEICHRÖDER zu hoch war. Jedenfalls fiel das wirklich errichtete Grabmal bedeutend schlichter aus, und von dem Begasschen Vorschlag blieb am Ende nur der Carrara-Marmor übrig.

Möglicherweise hat auch nicht Reinhold Begas selber, sondern sein jüngerer Bruder Karl die Ausführung übernommen.

Auf abgestuftem Sockel, den das umkränzte Adelswappen ziert, steht ein hohes quadratisches Postament, dessen Eckpilaster die oben abschließenden vier Segmentbögen tragen. Das Ganze bekrönt eine üppig mit Girlanden und Rosen drapierte Henkelvase, die einer Amphora ähnelt.

Die Inschrift preist das Ehepaar in bilderreichen, an die Poesie der Psalmen erinnernden Vergleichen:

Stele am Eingang

Er war ein Mann;
eine Zuflucht im Sturme,
ein Schirm im Gewitter,
wie Wasserbäche in der Dürre,
wie der Schatten eines
mächtigen Felsens
auf dem verschmachteten Boden
also wirkte er.

Sie war von hohem Sinn und edlem Walten,
die treue Gattin, liebevolle Mutter,
der Armen Stütze, der Bedrängten Zuflucht.
Sie starb beweint von allen, die sie kannten,
und erntet jenseits ihrer Tugend Saat.

Unser Weg wird nun von einem anderen in West-Ost-Richtung verlaufenden gekreuzt, an dem in der Nähe der Friedhofsmauer das Grabmal GRÜNWALD auffällt. Es besteht aus einem gotisierenden Doppelstein, der überragt wird von einer Eisenkonstruktion, ebenfalls in neogotischem Stil, die einer Chuppa, dem tra-

ditionellen jüdischen Traubaldachin, nachgebildet wurde. Abgesehen von diesem spezifischen Sinngehalt, der durch die Verbindung der beiden Grabsteine zu einer einzigen Stele sichtbar verdeutlicht wird, reicht die Tradition des Baldachingrabmals bis ins Mittelalter zurück. Karl Friedrich Schinkel hat sie in seinem Granseer Luisen-Kenotaph von 1811 neu belebt. Vielleicht hat aber gerade das Grünwaldsche Grabmal, das etwa um die Jahrhundertwende entstanden ist, den Architekten Max Taut zu seinem expressionistischen Baldachingrabmal inspiriert, das er 1920 für das Ehepaar Wissinger auf dem Südwest-Friedhof in Stahnsdorf bei Potsdam schuf.

Drei Efeuhügel und dazu drei gleiche schwarze Granitsteine kennzeichnen das Erbbegräbnis von Dr. h. c. James Henry SIMON (1851–1932), der in einer Berliner Zeitung nach seinem Tode mit den Worten gewürdigt wurde:

»Was er in 50 Jahren für die deutsche Kunst-

Gerson von Bleichröder

Julius Grünwald

Benjamin Liebermann

pflege und Wissenschaft geleistet hat, was die Berliner Museen und gelehrten Gesellschaften ihm zu verdanken haben, ist kaum zu überblicken.«

James SIMON war als Bankier und Kaufmann Teilhaber einer führenden Baumwollfirma. Bereits in den achtziger Jahren des 19. Jahrhunderts galt er nicht nur als einer der reichsten Männer Preußens, sondern auch als einer der bedeutendsten Kunstsammler Berlins. Sein schon in der Schule geweckstes Interesse für die Orientkunde ließ ihn 1887 zum Mitbegründer des Deutschen Orientkomitees und neun Jahre später auch zum Initiator für die Gründung der Deutschen Orientgesellschaft werden. Über Jahrzehnte hin finanzierte James Henry SIMON die großen Ausgrabungen in Mesopotamien,

Ägypten und Palästina. Die dort gemachten Funde, wie die Kunst aus Babylon und die reichen Amarna-Sammlungen, schenkte er dem Berliner Vorderasiatischen und dem Ägyptischen Museum.

Zur Eröffnung des Kaiser-Friedrich- und heutigen Bode-Museums stiftete er seine Sammlung italienischer Renaissancekunst: 445 Gemälde, Bildwerke, Möbel und Kleinkunstwerke.

Als andere deutsche Kunstsammler zu Ende des ersten Weltkrieges ihre Sammlungen gewinnbringend nach Übersee zu verkaufen begannen, schenkte James Henry SIMON ostentativ 351 zumeist deutsche Skulpturen den Berliner Museen.

Gemeinsam mit Rudolf Virchow förderte er die Erforschung und Sammlung volkstümlichen

Kulturgutes aller deutschen Landschaften und half großzügig, die Existenz des Volkskundemuseums zu sichern.

Doch wie als Kunstmäzen war SIMON auch für die soziale Fürsorge und in der Sozialpolitik tätig. So stiftete er Wanderfahrten für Volksschulkinder und arbeitete mit im »Berliner Verein für Ferienkolonien«. 1899 war er einer der Gründer des »Vereins zum Schutze der Kinder vor Ausnutzung und Mißhandlung«. Gemeinsam mit Franz von Mendelssohn finanzierte er das »Haus Kinderschutz« in Zehlendorf. Als Initiator und Mitfinanzier des »Berliner Vereins für Volksunterhaltung« und des »Vereins für Volksbäder« gründete SIMON das Berliner Stadtbad Mitte in der Gartenstraße. Auch zahlreiche jüdische Hilfsvereine wurden von ihm unterstützt. Kurhospitäler, Waisenhäuser, Ausbildungs- und Auswanderungshilfen für jüdische Menschen gehen zum guten Teil auf SIMON zurück. In Haifa war er der Mitbegründer des Technikums. SIMON wurde von Zeitgenossen als bescheiden, liebenswert und humorvoll geschildert. Er strebte keinen öffentlichen Ruhm an. Dennoch wurden seine großen Verdienste mit den damals höchsten Ehrungen gewürdigt. 1901 wurde er der erste Inhaber der von der Preußischen Akademie der Wissenschaften gestifteten Leibnizmedaille in Gold. 1904 erhielt er den Wilhelmsorden für soziale Verdienste und wurde 1910 von der Universität Berlin zum Doktor honoris causa promoviert.

Wenige Jahre nach der faschistischen Macht-

David Kappel

ergreifung, die SIMON selbst nicht mehr erlebte, war sein Andenken ausgelöscht, waren seine umfangreichen Stiftungen als die eines anonymen Wohltäters in den Fundus der Museen übernommen, seine Familienangehörigen verfolgt oder in die Emigration getrieben.

Wir kehren auf den von uns zuerst begangenen Weg, der die Abteilung L in der Mitte teilt, zurück und treffen nach wenigen Schritten auf das Erbbegräbnis für den Bankier und Mitbegründer der Dresdener Bank sowie der Internationalen Bank Berlin, Ludwig Max GOLDBERGER (1848–1913). Dieser war auch Leiter der ständigen Ausstellungskommission für die deutsche Industrie und 1896 Schöpfer der Berliner Gewerbeausstellung im Treptower Park,

einer Leistungsschau der Industrie, die damals große Beachtung fand.

Seine Eindrücke von einer Reise durch die USA, die GOLDBERGER 1902 im Auftrage der deutschen Reichsregierung ausführte, veröffentlichte er unter dem Titel »Das Land der unbegrenzten Möglichkeiten«, der bald zu einem geflügelten Wort wurde.

Gegenüber die Grabstätten für Benjamin LIEBERMANN (1812–1901), den Mitbegründer der Berliner Reformgemeinde, und Professor Dr. Felix LIEBERMANN (1851–1925), den Bruder Max Liebermanns, einen Historiker, der sich vor allem mit der angelsächsischen Gesetzgebung befaßt hat. Er gab u. a. zwischen 1898 und 1917 eine dreibändige Sammlung der Ge-

Carl Hagen

37

Julius Leopold Schwabach

zweiten Jahrzehnt unseres Jahrhunderts; bezeichnend dafür sind der betont plastische, dennoch unbewegt statische Aufbau, die massigen harten und kantigen Formen und eine bis ins Detail führende strenge Axialität. Entgegen den mehr sinnlichen Formen, denen dieser Typ noch zehn Jahre vorher verpflichtet war, herrscht hier eine bewußt kühle Monumentalität vor.

Ungefähr gleichzeitig mit dem Grabmal Kappel entstanden, erscheint das Grabmal für Carl HAGEN (1858–1938) und Frau Katharina (1865 bis 1907), obwohl von demselben Typ, doch weniger monumentalisiert infolge einer asymmetrischen, also mehr zufällig und natürlich wirkenden Komposition des schmückenden Beiwerks. Auch verliert die Einzelform die für den Marmor so charakteristische gratige Schärfe, das Material ist hier der weichere und großporige Muschelkalkstein.

Das marmorne Grabmal für Julius Leopold SCHWABACH (1831–1898) ist dem für A. GINSBERG aufs engste verwandt, obwohl das plastische Hauptmotiv ein anderes ist: eine Urne. Aber sie ist ebenso üppig drapiert wie dort der Sarkophag, auch hier kam es dem Bildhauer darauf an, den weichen Fall des Tuches, das allmähliche Hinsinken des Palmwedels und die locker gewundene Rosengirlande gegen den kalten Stein des Sockels, der Urne und der nun wirklich leblos glatten Stele fühlbar herauszuarbeiten. Sehr wahrscheinlich kommt dieses Grabmal aus derselben Werkstatt.

Das ebenfalls ganz aus Marmor errichtete Grabmal für Salomon HABERLAND (1836 bis 1914) und seine Frau Olga ist gegen 1920 entstanden und vertritt den Portikus-Typ in einer eigenwilligen Variante. Vier ionische Säulen werden eingerahmt durch Pfeiler, deren Fronten mit Eidechsen und Farnen links und mit Vögeln in früchtetragenden Palmen rechts geschmückt sind, sowie durch einen hohen Architrav mit Glaubenssymbolen zwischen Palmzweigen. Eigenwillig ist auch die technisierte Form der Grabeinfassung.

setze der Angelsachsen heraus. Das Grabmal für Benjamin LIEBERMANN ist ganz aus Marmor. Über hohem glattem Sockel steht die zurückgesetzte Inschrifttafel, umrahmt von romanisierenden Säulen und einem völlig mit vegetabiler Ornamentik ausgefüllten Konsolfries. Der Duktus des Dekors, insbesondere aber der Schrift entspricht so auffallend demjenigen am Familiengrabmal von Benjamins Bruder Louis Liebermann, daß die dort erwiesene Autorschaft von Hans Grisebach auch für dieses Grabmal beansprucht werden darf.

Der Typ des Sarkophaggrabmals zeigt sich bei David KAPPEL (1840–1905) und Frau Edith (1852–1920) einmal in seiner neuklassizistisch-barocken Entwicklungsphase etwa aus dem

Salomon Haberland

Nordwestlich dieser Stelle, in der Abteilung L, ist die Grabstätte des Pädagogen Moritz JUTROSINSKI (1825–1909), der von 1872 bis 1906 der erste Direktor des Reichenheimschen Waisenhauses in Berlin war und 1882 ein »Englisch-hebräisch-deutsches Wörterbuch für jüdische Auswanderer aus Rußland« herausgab.

Beginnen wir mit unseren Rundgang über diesen Friedhof jedoch auf dem parallel verlaufenden breiteren Hauptweg, so finden wir schon an seinem Anfang die Grabstätte des angesehenen Rechtsanwaltes Justizrat Felix MA-KOWER (1873–1933). Er war der letzte Vorsitzende des Verbandes der deutschen Juden, leitete die Vereinigung für Schriften über jü-

dische Religion und war auch mehrere Jahre Vorsteher des von seinem Vater gegründeten Knabenwaisenhauses in Berlin-Pankow. MA-KOWER schrieb u. a. »Die Verfassung der Kirche in England« und »Gezügelte Kirche im freien Staate«.

Nicht weit von hier, in der zweiten Reihe der Abteilung A, liegt auch Sara MEYER, die am 29. Juni 1827 als erste auf diesem Friedhof bestattet worden ist.

An der Westseite des Weges in der Abteilung L sollten wir auf einige Grabstätten achten. Ein schwarzer Obelisk trägt den Namen von Dr. Bernhard (Benda) WOLFF (1811–1879). Dieser hatte ursprünglich Medizin studiert,

Georg Haberland   *A. Ginsberg*

dann jedoch, nach Antritt einer großen Erbschaft in seiner Vaterstadt Berlin, eine Verlagsbuchhandlung begründet. Später erwarb er noch die »Vossische Buchhandlung«, die »Nationalzeitung« und die »Berliner Bank-, Börsen- und Handelszeitung«. Besondere Bedeutung aber erlangte WOLFF, nachdem er 1849 die »Kontinental-Telegraphen-Kompagnie«, meist »Wolffs Telegraphisches Bureau« (WTB) genannt, ins Leben gerufen hatte. Im gleichen Jahre schuf Israel Beer Josaphat, der spätere Freiherr Paul Julius von Reuter, in Aachen ein Nachrichtenbüro, aus dem dann in London die noch heute bestehende Nachrichtenagentur Reuter hervorging.

In der zweiten Reihe vom Wege aus fällt ein Denkmal auf, das die Grabstätte des Terrain- und Bauunternehmers Georg HABERLAND (1861–1933) bezeichnet. Es ist ganz aus Granit. Auf dem hohen Sockel, der die Namen Lucie und Georg HABERLAND sowie Bernhard und

Betty GUTMANN ohne Angabe der Lebensdaten trägt, erhebt sich ein Monopteros im Kleinformat, ein Rundtempel ohne Cella, mit acht Säulen, die eine Kuppel tragen. In der Mitte des Baues steht eine Urne. Diesen antiken Tempel hatten vornehmlich der Barock und der Klassizismus als Pavillon in Parkanlagen tradiert. Georg HABERLAND erschloß im Berlin der Gründerjahre große Baugelände und wirkte hier auch lange als Stadtverordneter.

Das auffälligste Grabmal an dieser Seite ist indessen das am Hauptwege gelegene der Familie GINSBERG. Im Vergleich zu den benachbarten Sarkophaggrabmalen ist es durch die überaus reiche Draperie auf dem Sarkophag selbst ausgezeichnet und darin verwandt mit dem später zu erwähnenden Denkmal für A. Ritter von Liebermann, freilich mit einem entscheidenden Unterschied: Hier ist es die Kombination des Sarkophags mit der hohen, klassizierend glattflächigen Stele dahinter, so daß ein Kontrast wirksam wird, der die Wiedergabe der unterschiedlichsten Stoffe, von ihrer Weichheit und Beweglichkeit bis zu ihrer unlebendig steinernen Härte und Kälte, um so glaubwürdiger macht. Die künstlerische Qualität dieses um 1900 entstandenen marmornen Grabmals liegt also ganz vordergründig in einem illustrativen Naturalismus.

Neben Ginsberg treffen wir auf die Sarkophaggräber für Levin GOLDSCHMIDT (1829 bis 1897) und seine Ehefrau. GOLDSCHMIDT war Professor der Rechtswissenschaften seit 1860 zunächst in Heidelberg und dann ab 1875 in Berlin sowie 1870 Rat am Reichsoberhandelsgericht in Leipzig. Durch die Gründung der »Zeitschrift für das gesamte Handelsrecht« (1858) und durch sein »Handbuch des Handelsrechts« (1864–1868) hat sich GOLDSCHMIDT um die universale Behandlung des Handelsrechts verdient gemacht.

Auch die folgende Grabstätte ist bemerkenswert. Hier liegt Hermann SENATOR (1834 bis 1911), ein hervorragender Kliniker, der insbesondere mit seinen Arbeiten über Stoffwechsel und Nierenleiden die medizinische Wissenschaft bereichert hat. SENATOR war als Schüler Traubes seit 1875 Professor und Chefarzt des Augusta-Hospitals, von 1881 bis 1888 dirigierender Arzt an der Charité und seit 1888 außerdem Leiter der Universitätspoliklinik und der dritten medizinischen Klinik der Charité. Seine wichtigsten Veröffentlichungen waren »Die Erkrankungen der Nieren« (1895 und 1902) und gemeinsam mit S. Kaminer »Krankheiten und Ehe« (1904).

An der Ostseite des Weges, d. h. in den Abteilungen A und B, finden wir die Ehrenreihe dieses Friedhofes und in ihr die Grabstätte des Rabbiners Jacob Joseph OETTINGER (1780 bis 1860), der zunächst Talmudlehrer an der Veitel-Heine-Ephraimschen Lehranstalt und seit 1826 dann Rabbinatsverwalter war. Er weihte am 29. Juni 1827 diesen Friedhof ein. Seine dabei in hochdeutscher Sprache gehaltene Rede trug ihm sowohl eine strenge Rüge der preußischen Regierung wegen »Nachahmung christlicher Sitten« ein als auch Kritik von seiten der Strenggläubigen in der Gemeinde. Mit der Eröffnung des Friedhofes schaffte OETTINGER gleichzeitig den Brauch ab, Selbstmörder in einem abgesonderten Teil zu bestatten.

Neben ihm ein orthodoxer Rabbiner, Elkanan ROSENSTEIN (verstorben 1869).

Wie Oettinger stammte auch Dr. Michael SACHS (1808–1864) aus Glogau. Er studierte in Berlin Philosophie, Orientalistik und klassische Philologie und konzentrierte dann seine Fähigkeiten auf die jüdische Altertumswissenschaft, die heiligen Bücher und die poetischen Schöpfungen des Judentums. Seine dichterischen Übertragungen der Gebetbücher ins Deutsche, des Siddur für den Alltag und des Machsor für die Festtage, haben ihn populär gemacht. Abgesehen von einer zehnjährigen Tätigkeit in Prag hat SACHS als Rabbiner ausschließlich in Berlin gewirkt. Bei der Totenfeier für die 250 Opfer der Märzrevolution 1848, unter denen 21 Juden waren, hielt SACHS, der auch ein hervorragender Redner war, eine der Gedenkansprachen.

Auf Sachs folgt in der Ehrenreihe der Pädagoge und Philanthrop Baruch AUERBACH (1793–1864). Seinen Namen trugen die Baruch-Auerbachschen Waisen- und Erziehungsanstalten.

Der wohl umstrittenste bedeutende Rabbiner in Berlin war Samuel HOLDHEIM (1802–1860). Am orthodoxen Judentum geschult, erwachte in ihm in seiner ersten Anstellung als Rabbiner in Frankfurt/Oder die Skepsis. Zum Landesrabbiner von Mecklenburg-Schwerin berufen, begann HOLDHEIM, grundsätzliche Reformen des synagogalen Gottesdienstes und des jüdischen Unterrichtswesens einzuführen. In einer damals viel beachteten Veröffentlichung bestritt er die Aufgaben des Rabbiners im öffentlichen Leben, wie Schlichtung von Zivilstreitigkeiten, Eidesabnahme nach jüdischem Ritus, Ehescheidung und dergleichen. Er lehnte

Ehrenreihe Abteilung A

sogar die Beschneidung und andere Bräuche ab und anerkannte das Judentum nur noch als religiöse Gemeinschaft. Aus diesem Grunde wurde HOLDHEIM 1847 von der Berliner Reformgemeinde zu ihrem ersten Prediger berufen.

Mit zunehmendem Alter wurde HOLDHEIM gemäßigter und bediente sich in seiner letzten Schrift über die Bedeutung der Pharisäer und Sadduzäer wieder des Hebräischen, wie denn auch der Text einer Seite seines Grabsteins in hebräischer Sprache abgefaßt worden ist. Die Beisetzung HOLDHEIMS in der Ehrenreihe veranlaßte den geachteten Rabbiner Michael Sachs zurückzutreten.

»Sein Tagewerk war Dienst der Wahrheit,
seine Seele Odem der Liebe«
hieß es in einem Nachruf auf Moritz VEIT (1808–1864). Aus begütertem Hause stammend, wollte er ursprünglich Wissenschaftler werden. Da dies damals aber für Juden nahezu aussichtslos war, gründete er zusammen mit einem

Schwager einen Verlag, gab den »Berliner Musenalmanach«, die »Polenlieder« (1833) und weitere Gedichte (1836) heraus. Doch erschöpfte sich seine Tätigkeit damit bei weitem nicht. Unter seinem Vorsitz hatte die Jüdische Gemeinde Berlin 1839 bis 1848 einen engagierten Förderer der jüdischen Schule und des jüdischen Lehrerseminars. Darüber hinaus war VEIT in Berlin Stadtverordneter sowie 1848/49 Mitglied der Frankfurter Nationalversammlung und seit 1858 Mitglied des Preußischen Landtages.

Ebenfalls ein Mitglied des preußischen Abgeordnetenhauses und Stadtverordneter sowie seit 1867 auch noch unbesoldeter Stadtrat in Berlin war Leonor REICHENHEIM (1816–1868), der für die Gemeinde dem jüdischen Krankenhaus vorstand.

Neben ihm Moritz REICHENHEIM (1815–1872), der Stifter des Reichenheimschen Waisenhauses am Weinbergsweg.

Während die Grabstätten der Ehrenreihe vom Weg aus gesehen hinter den Grabsteinen liegen, ist die für Professor Dr. Heinrich SILBERGLEIT (1858–1939) dem Grabmal vorgelagert. SILBERGLEIT war von 1906 bis 1923 Direktor des statistischen Amtes der Stadt Berlin und veröffentlichte 1930 sein Werk »Die Bevölkerungs- und Berufsverhältnisse der Juden im Deutschen Reich – Erster Teil: Freistaat Preussen«.

Eine große Platte bedeckt das Doppelgrab der beiden Freunde und Kampfgefährten Eduard LASKER (1829–1884) und Ludwig BAMBERGER (1823–1899). Der Text auf der Platte bezeichnete die beiden als Kämpfer für Freiheit und Recht. LASKER war Jurist und galt noch als Assessor gleichzeitig als der anerkannte Führer der damals bedeutendsten Partei in Deutschland, der Nationalliberalen. 1870 vor die Wahl gestellt, in Berlin entweder Stadtrichter oder aber Anwalt zu werden, entschied sich LASKER für die letztere Laufbahn. Infolge seiner umfangreichen politischen Verpflichtungen, LASKER war von 1862 bis 1879 Mitglied des preußischen Abgeordnetenhauses und von 1871 bis 1884 auch des Deutschen Reichstages, hat er die Tätigkeit als Anwalt nur selten ausüben können.

Wie BAMBERGER verließ auch LASKER 1880 die von ihm mitgegründete Nationalliberale Partei, als sie Bismarck allzu gefügig beim Übergang vom Freihandel zu Schutzzöllen und beim Sozialistengesetz folgte. Besondere Verdienste hat sich LASKER als Politiker erworben durch seine Mitwirkung an der Strafrechtsreform von 1876, der Erarbeitung der neuen Gerichtsverfassung des Deutschen Reiches (1879) und des Gesetzes über den Austritt aus der Jüdischen Gemeinde (1876). Für diese Verdienste promovierte ihn die Universität Freiburg zum Ehrendoktor. Wesentliche Veröffentlichungen LASKERS sind »Zur Verfassungsgeschichte Preußens« (1874) und »Fünfzehn Jahre parlamentarische Geschichte 1866–80« (1902). Während seiner letzten zehn Lebensjahre war LASKER Syndikus des Berliner Pfandbriefamtes. Er starb auf einer Reise in New York.

Ludwig BAMBERGER, der aus Mainz stammte, hatte sich zunächst in Hessen an der Volksbewegung des Jahres 1848 und dann auch am badisch-pfälzischen Aufstand beteiligt, wofür der damalige Doctor juris und Gerichtsreferendar in Abwesenheit zum Tode verurteilt wurde. Als politischer Flüchtling lebte er in der Schweiz, später in Rotterdam, Brüssel, London und seit 1853 in Paris. 1866 amnestiert, konnte BAMBERGER endlich in seine Heimat zurückkehren. Dort wurde er bald Mitglied des Deutschen Zollparlaments und von 1871 bis 1893 des Deutschen Reichstages. Der ehemalige demokratische Revolutionär war im Laufe seiner politischen Entwicklung ein Nationalliberaler geworden, bis ihn die reaktionäre Wirtschaftspolitik Bismarcks, dessen Berater er zeitweilig gewesen war, wieder in die Reihen der oppositionellen bürgerlichen Linken trieb. Mit seinen Werken »Deutschland und der Sozialismus« (1878), »Deutschtum und Judentum« (1880) und »Bismarck Posthumus« (1899) hat sich BAMBERGER auch als politischer Schriftsteller einen Namen gemacht. Nach seinem Tode gab Dr. Paul Nathan BAMBERGERS anregende »Erinnerungen« heraus.

Nicht in der Ehrenreihe, sondern in der neunten Reihe der Abteilung A finden wir den schlichten Marmorgrabstein für einen Schüler Moses Mendelssohns, den Philosophen, Bibelkritiker und Mathematiker Lazarus BENDAVID (1762–1832), der von 1806 bis 1826 Direktor der Jüdischen Freischule in Berlin war.

Ein nur noch schmaler Weg trennt hier die Abteilungen A und B voneinander. An einer Seite treffen wir auf das Grabmal für den geheimen Oberlandesgerichtsrat Dr. Julius LITTEN (1843–1914), der als erster Jude in Preußen Oberlandesgerichtsrat wurde.

Links der Hofzahnarzt Dr. Joseph LINDERER (1809–1878). Er war der erste Lehrer für Zahnheilkunde an der Berliner Universität. Sein Vater hieß noch Callmann Jacob. Seine Gedanken zur Namensänderung hat er in einem Inserat des Harzdepartementsblattes (Kö-

Märzgefallene und Seligsohn   *Seligsohn*

nigreich Westphalen) vom Mittwoch, dem 29. März 1809, niedergelegt:

»Nach den Königlich Westphälischen Gesetzen bin ich verbunden, meinen Familiennamen für mich und meine Nachkommen anzunehmen. In Betracht, daß mein eifriges Bestreben dahingeht, die Schmerzen meiner Mitmenschen zu lindern, habe ich den Namen ›Linderer‹ angenommen und empfehle mich mit dieser Anzeige einem hochgeschätzten Publikum zu meiner Ankunft, welche in drei Wochen erfolgen wird, ganz gehorsamst.

Hildesheim, den 21. März 1809

    Callmann Jacob Linderer

    sonst Callmann Jacob genannt,

    approbirter und patentisirter Zahnarzt«

Berliner Mutterwitz nannte Joseph LINDERER den »Zahnschmerzlinderer«.

Ein Stückchen weiter gabelt sich der Weg vor einem Denkmal für zwei jüdische Märzgefal-

lene des Jahres 1848. Das Denkmal besteht aus einer schlichten Sandsteinstele mit sparsamem klassizistischem Dekor auf der horizontalen Abdeckung. Unter der hebräischen Inschrift stehen in gotischen Lettern die beiden Namen Alexander GOLDMANN aus Potsdam und Simon BARTHOLD aus Schiefelbein, darunter in einem Eichenkranz »März-Gefallene«.

Neben diesem ein Stein für Anna, Alice und Erna DONATH, die in der Schönhauser Allee einen privaten Kindergarten geleitet hatten und 1943 in ein faschistisches Vernichtungslager deportiert worden sind.

Hinter diesen Steinen, noch auf der Wegeinsel, die in den zwanziger Jahren unseres Jahrhunderts von Otto Firle geschaffene Grabstätte der Familie SELIGSOHN. Auf einem ummauerten Hochbeet erhebt sich über dem quadratischen, sich leicht nach unten verjüngenden Sockel eine

Ehrenreihe Abteilung B

völlig glattflächige Pyramide, in dieser betont kubischen Einfachheit vergleichbar mit dem Sarkophaggrabmal für Albert Mendel von etwa 1923 auf dem großen Weißenseer Friedhof auf dem Feld P 4.

Hier ist auch die Asche des Rechtsanwalts für gewerblichen Rechtsschutz Julius L. SELIG-SOHN (1890–1942) beigesetzt. Dieser war nach langjähriger Tätigkeit in der jüdisch-liberalen Bewegung seit 1933 als Mitglied des Präsidialausschusses der Reichsvertretung der deutschen Juden zuständig für die Auswandererberatung und Auswanderungsplanung gewesen. 1942 wurde SELIGSOHN im KZ Sachsenhausen ermordet.

Rechts des Weges finden wir den Grabstein für die Schriftstellerin Rahel MEYER geborene Weiß (1806–1874), die, in Danzig geboren und aufgewachsen, schon dort mit mehreren Schriftstellern befreundet war. 1852 zog sie mit ihrem

Ehemann, einem Bernsteinhändler, nach Wien, wo sie u. a. auch Friedrich Hebbel kennenlernte, und schon bald weiter nach Berlin. Rahel MEYER, die unter dem Pseudonym Rahel die Bücher »Zwei Schwestern« (1853), »Rahel« (Biographie 1859), »Wider die Natur« (1863) und »In Banden frei« (1865) veröffentlicht hat, ist manchmal mit ihrer bekannteren Namensschwester Rahel Varnhagen verwechselt worden.

In der Abteilung B besteht bei einigen Grabstätten keine Klarheit, ob sie der Ehrenreihe zuzuordnen oder ob sie hier nur aus Platzmangel eingefügt worden sind. Deshalb werden auf den folgenden Seiten nur Grabstätten von solchen Verstorbenen herausgestellt, die auch in unserer Zeit noch als bedeutend anzusehen sind.

Ludwig GEIGER (1848–1919), Sohn des Theologen Abraham Geiger, der ebenfalls auf diesem Friedhof bestattet ist, hat sich als ein großer Literaturhistoriker ausgezeichnet. Der a. o. Professor der Universität Berlin gab von 1880 bis 1913 das Goethe-Jahrbuch heraus und außerdem die »Vierteljahresschrift für Kultur und Literatur der Renaissance« sowie die »Zeitschrift für die Geschichte der Juden in Deutschland« und, zusammen mit M. Koch, die »Zeitschrift für vergleichende Literaturgeschichte und Renaissanceliteratur«. GEIGER schrieb u. a.: »Geschichte der Juden in Berlin« (1871), »Die deutsche Literatur und die Juden« (1910), »Johannes Reuchlin« (1871), »Petrarca« (1874), »Renaissance und Humanismus in Italien und Deutschland« (1882), »Aus Alt-Weimar« (1897), »Goethe in Frankfurt a. M. 1799« (1899), »Goethe und die Seinen« (1908), »Goethes Leben und Schaffen, dem deutschen Volk erzählt« (1908), »Karoline von Günderode und ihre Freunde« (1895), »Das junge Deutschland und die preussische Zensur«

(1900), »Bettina v. Arnim und Friedrich Wilhelm IV.« (1902), »Das junge Deutschland« (1907).

Hermann MAKOWER (1830–1897), der Vater des schon erwähnten Felix M., war ebenfalls Jurist. Er war Anwalt des Hauses Hohenzollern und, als Vorsteher der Jüdischen Gemeinde in Berlin, der Initiator für die Gründung des Knabenwaisenhauses in Berlin-Pankow. MAKOWER schrieb u. a. »Das allgemeine Deutsche Handelsgesetzbuch« (1862) und »Über die Gemeindeverhältnisse der Juden in Preussen« (1873). Die Grabmale Hermann MAKOWERS und seiner Frau vertreten – morphologisch – den Typ des antiken Steinsarkophags insofern reiner, als sie Kastenform haben und ganz auf dem Boden aufliegen, während die vorhin erwähnten Beispiele eigentlich eher Särge aus Holz oder Metall vortäuschen sollen und auf Füßen – Löwentatzen – ruhen. Indes

Hermann Makower

sind die konkave Schwingung der Wände und der Dekor auf ihnen historisierend in der Art des Rokoko. Dem entspricht auch die porzellanhaft grazile Gestaltung der Schriftrollen. Das Ganze ist aus Marmor.

Ein kleiner Pultstein mit einem Mogn Dovid, etwas versteckt, kennzeichnet eine Stelle dieses Friedhofes, an der abgenutzte Thorarollen bestattet worden sind.

Der Rabbiner Dr. Josef AUB (1800–1880) zählte zu den Reformern in der Jüdischen Gemeinde Berlin. 1866 weihte er die Neue Synagoge in der Oranienburger Straße ein.

Adelheid ZUNZ (1802–1874), deren Salon fast ein halbes Jahrhundert lang dem intellektuellen jüdischen Berlin das Gepräge gegeben hat, ist ein Dutzend Jahre vor ihrem Ehemann Dr. Leopold (Jomtof Lipman) ZUNZ (1794 bis 1886) verstorben. Er, der geistige Vater der Wissenschaft des Judentums, hat in seinem langen Leben um die Emanzipation der Juden gerungen. ZUNZ, der aus Detmold gebürtig nach Berlin gekommen war, gründete hier mit Moses Moser, Eduard Gans u. a. den »Verein für Cultur und Wissenschaft der Juden«. Allerdings bestand dieser Verein, dem auch Heinrich Heine angehört hat, nur kurze Zeit. 1823 wurde ZUNZ Mitredakteur der »Haude- und Spenerschen Zeitung«. Im gleichen Jahr rief er auch die »Zeitschrift für die Wissenschaft des Judentums« ins Leben. Von 1839 bis 1850 war ZUNZ Leiter des Jüdischen Lehrerseminars Berlin; 1848 finden wir ihn unter den Kämpfern der Revolution. Aus der Reihe der Veröffentlichungen von ZUNZ sind zu nennen: »Die gottesdienstlichen Vorträge der Juden« (1832), »Die Namen der Juden« (1836), »Zur Geschichte und Literatur« (1845), »Die synagogale Poesie des Mittelalters« (1855), »Die Ritus des synagogalen Gottesdienstes« (1859), »Literaturgeschichte der synagogalen Poesie« (1865), »Monatstage des Kalenderjahres« (1872). Seit 1839 ist unter Leitung von Leopold ZUNZ auch eine deutsche Bibelübersetzung unter dem Titel »Die 24 Bücher der Heiligen

Schrift« entstanden. Durch seine Leistungen in der Philologie ist der Name von Leopold ZUNZ in einem Atemzug mit dem von Boeckh und Grimm zu nennen.

Ein Chirurg, der seinerzeit unter den Medizinern in aller Welt Anerkennung gefunden hat, war James ISRAEL (1848–1926), der von 1875 bis 1917 die chirurgische Klinik des jüdischen Krankenhauses in Berlin geleitet hat. Unter seinen Veröffentlichungen ist hervorzuheben »Chirurgische Klinik der Nierenkrankheiten« (1901).

Nur in den letzten vier Jahren seines Lebens konnte der liberale Wegweiser des Judentums, Abraham GEIGER (1810–1874), in Berlin wirken. In diese Zeit fiel aber die Gründung der Hochschule für die Wissenschaft des Judentums, die zum großen Teil sein Werk war und an der er auch als einer der ersten lehrte. GEIGER war der Autor des »Israelitischen Gebetbuches für den öffentlichen Gottesdienst« (1854) und von »Das Judentum und seine Geschichte« (1865–1871) sowie der Herausgeber der »Wissenschaftlichen Zeitschrift für jüdische Theologie«, der »Jüdischen Zeitschrift für Wissenschaft und Leben« und der »Zeitschrift der deutschen morgenländischen Gesellschaft«.

»Sein Geist blieb jung,
Sein Fleisch und Schaffen rege,
Seine Teilnahme lebendig
Bis in sein hohes Alter!
So war sein ganzes Leben
Ein Vorbild
Von Kraft und Streben.«

So charakterisiert eine Grabsteininschrift den Rabbiner Heymann WOLFSOHN (1810–1897).

Gegenüber der Ehrenreihe der Abteilung B ist die Grabstätte für Josephine LEVY-RATHENAU (1877–1921), eine Sozialpolitikerin, die in Deutschland die Mädchen- und Frauenberufsberatung begründet hat. Sie leitete die Zeitschrift »Frauenberuf und Erwerb« und war noch in ihrem letzten Lebensjahr als Stadtrat

Josephine Levy-Rathenau

Mitglied des Berliner Magistrats. Ihre wichtigste Veröffentlichung war »Die deutsche Frau im Beruf«.

Eine weitere bedeutende Vorkämpferin der Frauenemanzipation war die Schriftstellerin Jenny HIRSCH (1829–1902), deren Grabstätte etwas verborgen inmitten der Abteilung B liegt. Jenny HIRSCH, eine Kaufmannstochter, kam aus Zerbst. Dort hatte sie bereits eine Elementarschule gegründet und einige Jahre auch geleitet. In Berlin arbeitete sie ab 1860 zunächst als Redakteur für Belletristik am »Bazar«. 1866 wurde sie Schriftführerin des Lettevereins zur Förderung der Bildung und Berufstätigkeit der Frauen und 1870 Herausgeberin der Zeitschrift »Der Frauenanwalt«. Ab 1882 gab sie zusammen mit Lina Morgenstern die »Deutsche Hausfrauenzeitung« heraus. Jenny HIRSCH war zudem eine produktive Autorin, sie schrieb gleich unter drei Pseud-

onymen, nämlich als Fritz Arnefeld, Franz von Busch und J. N. Heynrichs Titel wie: »Fürstin Frau Mutter« (Dresden 1881), »Der Amerikaner« (Mannheim 1894), »Theresens Glück« (Berlin 1882), »Auf Umwegen« (Mannheim 1900), »Befreit« (Berlin 1882), »Der Väter Schuld« (1882), »Schwere Ketten« (3. Auflage 1884), »Die Erben« (1889), »Schlangenlist« (1891), »Irrtümer« (1892), »Vermißt« (1894), »Umgarnt« (1895), »Löwenfelde« (1896), »Der Amtmann von Rapshagen« (1896).

In der Abteilung B verborgen befindet sich auch die Grabstätte von Jacob LIEPMANN (1804 bis 1865), der wie andere bedeutende preußische Juden aus Märkisch-Friedland stammte. In Berlin war er zunächst Schüler der Akademie der Künste, auf deren Ausstellungen er 1822, 1830 und 1832 auch mit Werken vertreten war. Dann hatte er sich in einem Hintergebäude der Alexanderstraße 2 als Porträtmaler und Siegellackfabrikant niedergelassen. Hier gelang ihm auch die Entwicklung eines Ölfarbendruckverfahrens, für die ihm später sogar eine königliche Pension ausgesetzt worden ist.

Unser Weg an der Ehrenreihe vorbei mündet in einen, der vor der Friedhofsgrenze in Ost-West-Richtung verläuft. Wie auf eine Schnur gereiht liegen hier als Wandgräber gestaltete Erbbegräbnisse, in denen quer zur Wand Grabsteine errichtet worden sind.

Ein stark verwitterter neogotischer Doppelstein wurde hier für zwei der früh verstorbenen Kinder Giacomo MEYERBEERS aufgestellt.

Die folgende Marmorstele ist nach antikem römischem Vorbild gestaltet. Sie weist auf das Grab für Samuel Bacher BEREND (1772–1828), einen Seidenhändler, hin, der – aus Tirschtiegel kommend – seit 1792 in Potsdam ansässig war. BEREND hat sich große Verdienste als Oberlandesältester der Juden in der Kurmark und als Ältester der Jüdischen Gemeinde Berlin erworben.
 Der Stein ist sowohl in seiner Schlichtheit und ausgewogenen Proportionierung als auch in der feinen und zurückhaltenden Behandlung des Dekors ein markantes Beispiel für die Grabmalkunst des Klassizismus, der hier noch ganz den Reiz seiner frühen Blütezeit spüren läßt.

Der einzige Jude, der in der preußischen Armee des 19. Jahrhunderts den Rang eines Majors erhalten hat, war Meno BURG (1789 bis 1853). Ursprünglich als Vermessungstechniker ausgebildet, hatte sich BURG im Befreiungskrieg gegen Napoleon freiwillig zur Armee gemeldet, war dann jedoch nicht der kämpfenden Truppe zugeteilt, sondern als Lehrer in einer Militärschule eingesetzt worden. BURG genoß sowohl in der preußischen Armee als auch in der Jüdischen Gemeinde Berlin eine so hohe Wertschätzung, daß an seiner Trauerfeier nach Schätzung der Polizei 60 000 Menschen teilgenommen haben. Die Trauerrede hielt sein Freund, der Rabbiner Michael Sachs.

Samuel Bacher Berend

Giacomo MEYERBEER (1791–1864), ursprünglich Jacob Liebmann Beer, war ein hochbegabter Musiker, seine Lehrer Clementi, Zelter und Abt Vogler. Aufenthalte in Italien ab 1816 und in Paris seit 1824 haben ihn so sehr beeinflußt, daß ihm seine Kritiker vorwarfen, er sei Italiener in der Melodik, Franzose in der Rhythmik und Deutscher in der Harmonik. Seine größte Ehrung erfuhr MEYERBEER, als er nach einer triumphalen Aufführung seiner Oper »Die Hugenotten« 1842 zum Generalmusikdirektor der königlichen Oper in Berlin ernannt worden war. Diese Position hatte er bis zu seinem Tode, wenngleich er sich weiterhin häufig zu Einstudierungen seiner Opern in Paris aufgehalten hat. Aus der Vielzahl seiner Kompositionen sind neben den »Hugenotten« vor allem die Musik zum Trauerspiel »Struensee« (1844) und die Opern »Der Prophet« (1849), »Dinorah« (1859) sowie »Die Afrikanerin«, erst postum uraufgeführt, zu nennen.

Beer und Meyerbeer

MEYERBEER hat sich auch durch sein Eintreten für die Verbesserung der sozialen Lage der Komponisten, Musiker und Sänger bleibende Verdienste erworben.

Im gleichen Erbbegräbnis sind auch die Mutter Amalie BEER (1772–1854) und der Bruder Wilhelm BEER (1797–1850) bestattet. Amalie

BEER unterhielt einen der berühmten Berliner Salons, die in ihrer Zeit gesellschaftliche Zentren darstellten. In den Freiheitskriegen engagierte sie sich für die Pflege Verwundeter. Dafür wurde sie von Friedrich Wilhelm III. mit dem Louisenorden in Medaillenform ausgezeichnet.

Wilhelm BEER war, wie schon der Vater,

Bankier. 1813 zog er als Freiwilliger in den Befreiungskrieg aus. In seiner kleinen Privatsternwarte in Berlin hat BEER zusammen mit Mädler den Mars beobachtet und die erste vollständige Generalkarte des von der Erde sichtbaren Teils der Mondscheibe – »Mappa selenographika«, 4 Blätter – hergestellt. Außerdem veröffentlichte er »Physische Beobachtungen des Mars« (1830) und »Der Mond« (1837).

Auf diese seine außerberufliche Tätigkeit nimmt auch der Grabspruch symbolisch Bezug:

Nunmehr geht deine Sonne
nicht unter,
verdunkelt sich
dein Gestirn nicht,
denn Gott ist dir
ein ewiges Licht,
und aufgehört
haben für dich
die Tage der Trauer.

Der dritte der Brüder, der Dichter Michael BEER (1800–1833), ist nicht hier, sondern an seinem Sterbeort München bestattet worden. An ihn erinnert die Gedenktafel in der Mittelachse dieses Erbbegräbnisses.

In der Reihe der Wandgrabmale entlang der Mauer gehört dieses zu den aufwendigeren, denn es besteht aus einer hohen spätklassizistisch gegliederten Putzmauer mit niedrigeren Seitenflügeln, so daß sich daraus ein offenes Karree bildet. In den einzelnen Feldern befinden sich die Gedenktafeln die für Giacomo MEYERBEER steht vor dem rechten Flügel gesondert und in Marmor auf einem Pult.

Als Vorkämpfer der Judenemanzipation und auch als Reformer des Judentums war der Kaufmann und Seidenfabrikant David FRIEDLÄNDER (1750–1834) der bedeutendste Schüler Moses Mendelssohns. FRIEDLÄNDER gründete in Berlin die erste jüdische Volksschule. 1812 wurde er als erster Jude in Berlin Stadtrat.

Der Bankier Levin ARONS (1773–1840) finanzierte die erste Eisenbahnlinie in Preußen von Berlin nach Potsdam.

Noch an einem der letzten Kriegstage fand Vera FRANKENBERG (1929–1945), Tochter einer Jüdin, den Tod. Ein Artilleriegeschoß hatte ihrem jungen Leben ein Ende gesetzt. Die Eltern bestatteten sie auf diesem Friedhof.

An der Akademie der Künste in Berlin, bei A. Wredow, sowie von 1852 bis 1856 in Rom studierte der Bildhauer Louis SUSSMANN-HELLBORN (1828–1908). Von 1882 bis 1886 war er der artistische Leiter der Königlichen Porzellanmanufaktur Berlin. Von ihm stammte eine Reihe bekannter Bildwerke in Berlin, wie sein »Trunkener Faun«, »Dornröschen«; die Marmorstatuen »Friedrich II.« und »Friedrich Wilhelm III.« im Berliner Rathaus oder auch »Peter Vischer« und »Hans Holbein« am Kunstgewerbemuseum. An der Gründung und Verwaltung dieses Museums war Professor SUSSMANN-HELLBORN ebenfalls wesentlich beteiligt.

Das Wandgrab ist eine dreiachsige Tempel-

Giacomo Meyerbeer

front, gegliedert durch Pilaster und einen mit Kränzen geschmückten Architrav. Den flachen Giebel zieren Akroterien und ein Wellenband. Die Architektur ist ebenso einfach wie vornehm und ohne den Einfluß von Schinkel nicht denkbar, insbesondere seiner mit solchen Tempelfassaden ausgestatteten Vorstadtkirchen St. Paul und St. Elisabeth.

An der gegenüberliegenden Wegeseite finden wir die Grabstätten KRISTELLER und GOLDBERGER sowie inmitten der Abteilung F die des Klempners PITSCH.

Samuel KRISTELLER (1820–1900) war Gynä-

kologe und wirkte seit 1851 in Berlin. Hier wurde er auch Privatdozent und Mitglied der ärztlichen Prüfungskommission. Nach ihm benannt ist die »Kristellersche Expression«. Auch für seine jüdischen Mitbürger war KRISTELLER tätig. So setzte er sich bereits 1845 in einer Eingabe zugunsten der Emanzipation der Juden in Posen ein und vertrat sie später als Präsident des Deutsch-Israelitischen Gemeindebundes.

Joseph Tobias GOLDBERGER (1825–1869), Fabrikant, war Ehrenmitglied der Repräsentantenversammlung der Jüdischen Gemeinde und

Louis Sussmann-Hellborn

der Gesellschaft jüdischer Handwerker. Sein Erbbegräbnis besteht aus einer Marmorkolonnade in drei Seiten mit jeweils zwei zierlichen ionischen Säulen und mit Pfeilern über den Ecken. Von den beiden gleichgestalteten Stelen, die mit einem Palmettenakroterion im Stil der Schinkel-Nachfolge bekrönt sind, trägt eine auf der Oberseite des Sockels das Entstehungsjahr 1870.

Die Grabstätte des Klempnermeisters Joseph PITSCH (1815–1892) und seiner Frau Charlotte (1817–1858) ziert eine schmiedeeiserne, reich von rokokohaftem Gitterwerk und Laub um-

Joseph Tobias Goldberger – Detail

Joseph Tobias Goldberger

Joseph Pitsch

Soldatengrab

rahmte Kartusche – in dieser Art das einzige, noch gut erhaltene Beispiel auf diesem Friedhof. Entstanden ist es, wie aus der Stiftungsinschrift der Kinder zu schließen, erst nach dem Tode des Vaters, also in den 90er Jahren des 19. Jahrhunderts.

In Nachbarschaft zu diesem Grabmal, stilistisch aber sehr weit von ihm entfernt, befindet sich ein Monument von reinster, ungekünstelt klassischer Form: ein aufrecht stehender Quader aus Sandstein, der sich nach oben leicht verjüngt, doch nicht entschieden genug, daß man ihn als Obelisken bezeichnen könnte; obenauf liegt eine Kugel. Da die Inschrift durch Verwitterung ganz verloschen ist, müssen wir uns an die mündliche Überlieferung halten, wonach es sich um einen Gedenkstein für gefallene Soldaten handeln soll. Vorbild könnte sehr wohl ein Grabmal von der Hand Gottfried Schadows sein, das er Anfang des 19. Jahrhunderts für ein Grab auf dem Marienfriedhof in Demmin geschaffen hat. Dann also wäre es vielleicht ein Denkmal zur Erinnerung an die Gefallenen der Befreiungskriege. Die Klarheit der

Form ist so zeitlos, daß man es auch für ein solches aus späterer Zeit halten könnte.

Nicht weit davon liegt auch das Grab des Buchhändlers und Pädagogen Dr. Jeremias HEINEMANN (1778–1855), der den Pentateuch mit Mendelssohns Übersetzung sowie jüdische Zeitschriften und Gesetzessammlungen über die Rechtsverhältnisse der Juden in Preußen herausgegeben hat.

Der Weg wendet sich nun an der Friedhofsgrenze nach Süden, und auch hier begleiten ihn repräsentative Wandgrabstätten.

Jacob Moses BURG (1784–1840), konzessionierter Schutzjude und beruflich als Lotterie-Obereinnehmer tätig, war viele Jahre lang der Vorsitzende der Jüdischen Gemeinde Berlin. Sein großes soziales Engagement trug ihm den Ehrennamen »Vater der Armen« ein.

Die Grabstätte Israel HIRSCHFELD (1801–1866) ist ein Werk von Johann Heinrich Strack, der zum engsten Schüler- und Mitarbeiterkreis um K. F. Schinkel gehörte. Auf betont hohem Sok-

Tor zur »Kommunikation«

kel steht eine von Halbsäulen gegliederte fünf-
achsige Kolonnade, mit Seitenflügeln aus jeweils zwei frei stehenden Säulen. Der Architrav
ist mit Kränzen geschmückt. Die Verwandtschaft
mit den Strackschen Grabmalen für August
Borsig, Friedrich August Stüler (zerstört 1945)
und für sich selber – alle auf dem Dorotheen-
städtischen Friedhof an der Chausseestraße –
ist eng, obwohl diese als baldachinartige Gehäuse einen entschiedener architektonischen
Charakter haben. In Hinsicht auf die dorische
Ordnung, die allen Denkmalen gemein ist, besteht mit dem Borsigschen von 1857 die größte
Übereinstimmung. Nach jüdischem Brauch sind
für die hier Bestatteten jeweils eigene Steine
gesetzt. – Strack hat 1862 die Entwurfszeich-
nung zu diesem Grabmal in seinem »Architektonischen Skizzenbuch« veröffentlicht.

Julius Rubo (1794–1866) nahm als Freiwilliger
an den Freiheitskriegen gegen Napoleon teil.
1817 wurde er vermutlich als erster Jude in
Preußen zum Doctor juris promoviert. Er war
Justitiar und ab 1824 auch Verwaltungsdirek-
tor der Jüdischen Gemeinde Berlin. Von ihm
stammt das Werk »Die Rechtsverhältnisse der
Jüdischen Gemeinden« (1844).

Sein Sohn Ernst Traugott Rubo (1834–1895),
ebenfalls Jurist, war beteiligt am Entwurf eines Strafgesetzbuches für den Norddeutschen
Bund. Als erster Jude erhielt er 1876 eine a. o.
Professur an einer preußischen Universität,
1879 wurde er Amtsgerichtsrat. Von ihm
stammt ein »Commentar über das Strafgesetz-
buch für das Deutsche Reich«.

Hirschfeld – Entwurf

Ein Tor in der Begrenzungsmauer schließt den zweiten Zugang zum Friedhof ab. Hier endet der sogenannte Judengang, der in der heutigen Knaackstraße Nr. 41 seinen Anfang nimmt. Es war angelegt worden, weil es der preußische König als ein Ärgernis empfunden hatte, bei seinen Ausfahrten nach Niederschönhausen Leichenwagen zu begegnen.

Das Tor zur »Kommunikation«, wie man diesen Weg auch beschönigend nannte, ist in der überlieferten Form neuklassizistisch um 1910 bis 1920 entstanden. Die eisernen Torflügel gehören in dieselbe Zeit.

Ungefähr gegenüber diesem Zugang beginnt ein Weg, an dem das Erbbegräbnis für Nathanael PRINGSHEIM (1823–1894) liegt, eines bedeutenden Botanikers. PRINGSHEIM stammte aus Wziesko in Oberschlesien. 1864 hatte er an der Universität Jena eine Professur erhalten, sie aber nach vier Jahren bereits wieder auf-

gegeben, um sich in Berlin allein der Forschung widmen zu können. Er untersuchte die Eigenschaften des Chlorophylls, entdeckte die Sexualität bei niedrigsten Gewächsen und begründete die Pflanzen-Physiologie. PRINGSHEIM war Mitglied der Akademie der Wissenschaften und gab die »Jahrbücher für wissenschaftliche Botanik« heraus.

Hinter diesem repräsentativen Erbbegräbnis die einfache Marmortafel für Hermann SALINGRÉ (1833–1879), der einer der beliebtesten Possendichter im Berlin der zweiten Hälfte des 19. Jahrhunderts war. Die erfolgreiche Aufführung seines ersten Schwanks »Ein blauer Montag« im Woltersdorff-Theater in Berlin war der berufliche Wendepunkt im Leben des Kaufmanns-Kommis SALINGRÉ, der nun in rascher Folge Stücke wie »Des Friseurs letztes Stündlein«, »Hundert Thaler Belohnung« (1862), »Berliner Kinder« (1865), »Ein Königreich für einen Sohn« (1865), »Abteilung V, Zimmer IV für Bagatellsachen« (1866), »Sachsen in Preußen« (1867), »Sechs Mädchen und kein Mann« (1872), »7½ Prozent Rumänier« (1872), »Pechschulze« (1875) und andere schrieb. Während des Deutsch-Französischen Krieges 1870/71 war SALINGRÉ im Großen Hauptquartier des preußischen Königs Berichterstatter für Berliner Zeitungen. Sein Ankauf der »Neuen Freien Zeitung« nach dem Kriege

Hirschfeld

Nathanael Pringsheim

Herz – Katz – Grau

Leopold Ullstein

Goldschmidt

wurde ein geschäftlicher Mißerfolg. Eine vollständige Lähmung und zunehmende Erblindung waren die weiteren Gründe, weshalb das Leben SALINGRÉS in Armut endete.

Von unserem kleinen Abstecher wieder auf den die Friedhofsbegrenzung begleitenden Weg zurückgekehrt, stoßen wir unter den Wandgräbern auf das des ältesten Sohnes Moses MENDELSSOHNS, Josephs (1770–1848), des Gründers und Mitinhabers der Bank J. und A. Mendelssohn sowie Mitbegründers der »Gesellschaft der Freunde«.

Ein Stückchen weiter, doch auf der gegenüberliegenden Wegeseite, treffen wir auf das auffallende Grabmal HERZ – KATZ – GRAU. Es ist ein monumentales frei stehendes Wandgrab nach Entwurf von Max Landsberg, einem Schüler und Mitarbeiter von Alfred Messel. Entstanden ist es nach 1922 aus dem in dieser Zeit sehr beliebten Muschelkalkstein. Die gequaderte Wand mit ornamentiertem Gesims teilt eine Mittelnische, in die eine große Urne gestellt ist und die von einem stilisierten Palmettenfächer gekrönt wird.

Etwa auf gleicher Höhe, aber innerhalb der Abteilung E selbst, erkennt man drei gleichartige Obelisken aus rotem schwedischem Granit. Hier sind die Gräber von Leopold ULLSTEIN (1826–1899) und seinen beiden Ehefrauen.

ULLSTEIN stammte aus Fürth und war eigentlich Kaufmann. 1877 erwarb er das »Neue Berliner Tageblatt«. Das war der Beginn des Entstehens eines der bedeutendsten Zeitungs- und Buchverlags- und Druckereibetriebe. Daß ihm auch die Interessen seiner Wahlheimat Berlin nicht gleichgültig waren, bewies er, als er von 1871 bis 1877 als Stadtverordneter die Politik mitbestimmte.

Verfolgen wir unseren Weg entlang der Friedhofsbegrenzung weiter, so fallen uns auch hier interessante Wandgräber ins Auge.

Die Familiengrabstätte GOLDSCHMIDT vor der Ostmauer besteht aus einer schönen Reihe

Joachim Liebermann

Salvador. Der Berliner Zoo verdankte SCHÖN-
LANK einen wesentlichen Teil seines Tierbe-
standes.

Das stark zerfallene Grabmal für Joachim
LIEBERMANN (1778–1853) ist ein großes gußeisernes Wandgrab nach dem Entwurf des Architekten und Kunstgewerblers Gustav Stier,
des Baumeisters der Synagoge der Reformgemeinde in der Johannisstraße. Das Grabmal,
ganz in der Tradition des Berliner Eisengus-
ses seit den Befreiungskriegen stehend, ist drei-
teilig; die überhöhte und ausgenischte Mitte
schließt in einem Rundbogen, unter dem –
durchbrochen – der Davidstern eingefügt ist.
Stier erweist sich hier als ein Meister der Ornamentik, der noch vor dem richtungweisenden
Bau der Neuen Synagoge in der Oranienburger Straße den überkommenen klassizistischen
Formenkanon mit orientalisierenden Elementen bereichert.

Schräg gegenüber diesem das Erbbegräbnis, in
dem am 12. Februar 1935 Max LIEBERMANN
(1847–1935) bestattet worden ist. LIEBERMANN,
der als einer der ersten deutschen Maler den
Menschen in der Arbeitswelt dargestellt hat,
stammte aus dem Großbürgertum, der Vater
und auch schon der Großvater waren Kaufleute
und Fabrikanten. Der in Berlin Geborene war
hier zunächst Schüler des Malers Karl Steffeck,
ehe er von 1869 bis 1873 an der Kunstschule in
Weimar studierte. Ein mehrjähriger Aufent-
halt in Frankreich und regelmäßige, über Jahrzehnte fortgesetzte Reisen nach Holland haben
ihren Niederschlag in vielen seiner Werke, wie
»Amsterdamer Waisenmädchen«, »Schuster-
werkstatt«, »Judengasse in Amsterdam«, »In
den Dünen« u. a., gefunden. 1892 war LIEBER-
MANN Mitbegründer der Künstlervereinigung
XI und von 1899 bis 1911 Präsident der Berliner Secession. Bereits 1898 zum Mitglied der
Akademie der Künste gewählt, übernahm der
73jährige 1920 ihr Präsidium. In den folgenden zwölf Jahren entwickelte sich die Akademie unter seiner Leitung zu einer fortschritt-
lichen demokratischen Einrichtung. 1932 bewo-
gen zunehmende Angriffe der faschistischen

von vier gleichgestalteten klassizistischen Stelen: rechteckige, nach oben verjüngte Pfeiler
mit flachgiebligem Abschluß; unterschiedlich
sind nur die skulpierten Symbole in den ovalen
Nischen oberhalb der Inschriften. In diesem
Musterbeispiel für die Tradierung einer einzigen bestimmten Form – hier von 1846 bis
1903 – dokumentiert sich offenbar auch ein
sehr ausgeprägter Familiensinn.

William SCHÖNLANK (1814–1897) war Inhaber
einer bedeutenden Indigo-Farbenhandlung in
Berlin und vertrat hier gleichzeitig als deren
Generalkonsul die Interessen der Republik San

Joachim Liebermann – Entwurf

Max Liebermann – Detail

Reaktion gegen den »Juden Liebermann« den greisen Maler, auf eine erneute Kandidatur für die Präsidentschaft zu verzichten. Auch heute noch erschüttert uns die Erklärung vom 1. Mai 1933, mit der er seinen Entschluß, aus der Akademie auszutreten, begründete:

»Ich habe während meines langen Lebens mit allen meinen Kräften der deutschen Kunst zu dienen versucht. Nach meiner Überzeugung hat Kunst weder mit Politik noch mit Abstammung etwas zu tun, ich kann daher der Preußischen Akademie der Künste, deren ordentliches Mitglied ich seit mehr als dreißig Jahren und deren Präsident ich durch zwölf Jahre gewesen bin, nicht länger angehören, da dieser mein Standpunkt keine Geltung mehr hat. Zugleich habe ich das mir verliehene Ehrenpräsidium niedergelegt.«

Zur Trauerfeier für Max LIEBERMANN hatten sich mehr als hundert Teilnehmer eingefunden, um dem großen Toten das letzte Geleit zu geben. Im Vergleich zu seiner Bedeutung als Künstler und zu seiner früheren gesellschaftlichen Stellung waren dies nur wenige. Es fehlten die Vertreter des Staates, der Stadt Berlin, deren Ehrenbürger er war, und der Künstlervereinigungen. Gekommen waren neben den Familienangehörigen der Verleger Bruno Cassirer, die Kunsthistoriker Dr. Max J. Friedländer, Professor Adolph Goldschmidt, Max Osborn und Friedrich Sarre; der Schriftsteller Ludwig Fulda; Peter Edel in der Be-

Max Liebermann und andere

Max Liebermann, Beisetzung

gleitung seines Vaters, des Kaufmanns Erich Hirschweh; die Maler Erich Braunthal, Konrad von Kardorff, Käthe Kollwitz und Hans Purrmann und Hans Sauerbruch; der Chirurg Prof. Dr. Ferdinand Sauerbruch sowie der Gemeindevorsitzende Heinrich Stahl und der Rechtsanwalt Dr. Alfred Klee. Die Gedenkreden hielten der Kunstkritiker Karl Scheffler und der Rabbiner Dr. Malvin Warschauer. Fotos, die von der Beisetzung Max LIEBERMANNS gemacht wurden, verdanken wir u. a. dem Pressefotografen Abraham Pisarek.

Acht Jahre später, im März 1943, folgte LIEBERMANN seine Witwe, als sie mit einer Krankentrage zum Transport in ein Vernichtungslager abgeholt werden sollte, freiwillig in den Tod. Sie wurde, weil die Gestapo in der Schönhauser Allee keine Beisetzungen mehr zuließ, zunächst auf dem jüdischen Friedhof in Weißensee beigesetzt und erst nach dem Kriege an die Seite ihres Mannes umgebettet.

Max LIEBERMANNS Grabplatte trägt als Inschrift das Wort Jakobs im Kampf mit dem Engel, 1. Mose 32, 27, übrigens, wie am Grabmal selber und auf den Grabplatten der Eltern, höchst ungewöhnlich in deutscher Fraktur.

Das Erbbegräbnis der Familie Louis LIEBERMANN (1819–1894) ist eine Schöpfung des Architekten Hans Grisebach, der zu den bekanntesten Baumeistern der Neurenaissance in Berlin zählte. Das Grabmal besteht aus einer Sandsteinmauer über L-förmigem Grundriß. Die Arkatur von drei zu vier Achsen ist in einem historisierenden Stil gehalten, in dem sich die klassische Richtung der Renaissance mit bestimmten Zügen des Manierismus mischt – ein Stil jedenfalls, den Grisebach mit großer Freiheit zu handhaben verstand.

In unmittelbarer Nachbarschaft dieser Grabstätte fällt der imposante Marmorsarkophag Adolphs Ritter LIEBERMANN von WAHLENDORF auf; es ist unbekannt, wer sein Grabdenkmal geschaffen hat. Entstanden ist es vor der Jahrhundertwende. Der Sockel erreicht schon fast Mannshöhe, seine mehrfachen Abstufungen werden von drapierten Schilden unterbrochen,

Adolph Liebermann von Wahlendorf

Eichenlaubkränze mit Quasten zieren die Ekken. Obenauf steht der Sarkophag, den eine schwere, bestickte und von Fransen umrandete Decke in fülligen Falten fast vollständig zudeckt. Der Typ des Sarkophaggrabmals erreicht mit diesem Beispiel einen kaum noch zu überbietenden Höhepunkt an neubarockem Prunk.

Folgen wir weiter dem Weg entlang der Friedhofsgrenze, so entdecken wir an einem Wandgrab den Namen ARNHEIM. In Margonin geboren, hatte Simon Joel ARNHEIM (1802–1875) zunächst in Berlin eine Schlosserlehre absolviert und sodann in Wien und Paris seine Ausbildung als Kunstschlosser vervollständigt. In Berlin gründete er schließlich einen eigenen Betrieb, in dem er als erster eiserne Geldschränke herstellte. Noch heute findet man in vielen Betrieben Geldschränke aus seiner Produktion. Die Titel Königlicher Hofkunstschlosser und Ehrenmitglied der Gesellschaft jüdischer Handwerker zeugten von der hohen Wertschätzung ARNHEIMS.

Eine Tafel an der Wand weist auf den Naturforscher Wilhelm SKLAREK (1850–1915) hin, der zunächst in Krossen, Eikenhagen und in Berlin als Arzt gearbeitet, an den Kriegen 1864, 1866 und 1870/71 teilgenommen hatte und Herausgeber der 1868 gegründeten Zeitschrift »Der Naturforscher« sowie später der »Naturwissenschaftlichen Rundschau« geworden war, die er bis 1912 leitete. 1899 erhielt SKLAREK den Titel Professor.

Einer von vier schwarzen Obelisken des Erbbegräbnisses FRIEDHEIM trägt den Namen des Kunsthistorikers und ersten Direktors des Kunstgewerbemuseums Julius LESSING (1843 bis 1908), der außerdem eine Professur an der Technischen Hochschule Berlin innehatte.

An der gegenüberliegenden Seite finden wir die Grabstätte des bedeutenden Literaturhistorikers und Germanisten Professor Dr. Richard Moritz MEYER (1860–1914), der neben seinem Hauptwerk »Die deutsche Literatur des 19. Jahrhunderts« (2 Bde. 1899) so bedeutende Arbeiten wie »Die Weltliteratur im 20. Jahrhundert« (1913), »Grundriß der neueren deutschen Literaturgeschichte« (1902), »Die deutsche Literatur bis zum Beginn des 19. Jahrhunderts« (1916), »Deutsche Stilistik« (1906), »Altgermanische Religionsgeschichte« (1910) und »Nietzsche« (1913) veröffentlicht hat.

Neben diesem auf dem von einer Wegeinmündung gebildeten Dreieck das Erbbegräbnis LOEWE. Ludwig LOEWE (1837–1886) war nicht nur ein erfolgreicher Fabrikant – er gründete 1869 die Firma Ludwig Loewe u. Co. –, sondern einige Jahre lang auch der Privatsekretär des Führers der Sozialdemokratie Ferdinand Lassalle. Als Reichstagsabgeordneter der Fortschritts- bzw. der Deutsch-Freisinnigen Partei hat sich LOEWE vor allem um die Einführung von Krankenkassen und im Kampf gegen die Sonntags- und Kinderarbeit verdient gemacht. Sein Grabmal steht im spitzen Winkel einer Wegeinmündung im Feld G und ist daher über dreieckigem Grundriß aufgebaut. Den unteren Teil bildet ein Postament, dessen Ecken durch

Pfeiler verstärkt und oben durch massige Segmentbögen miteinander verbunden sind. Auf das Postament ist ein Obelisk gestellt, ebenfalls dreiseitig und ursprünglich mit metallenen Beschlägen auf den Kanten. Er verschafft dem Grabmal eine markante Höhe.

Das Grabmal von LOEWES Frau Sophie ist eine Mauer in Form eines gleichseitigen Dreiecks mit geputzter Quaderung. Es soll eine Pyramide vortäuschen. Ungewöhnlich ist an diesem Grabmal, daß es das Bildnis der Verstorbenen trägt – ein marmornes, von Palmenwedeln eingefaßtes Medaillon über dem »Eingang« zur Grabkammer. Unter den nur ganz wenigen Beispielen ist es – jedenfalls in Berlin – das früheste überhaupt, das mit der traditionellen Bildnislosigkeit der jüdischen Grabmalkunst bricht. Ohne Zweifel geht die Mißachtung des angestammten Brauchs auf den Auftraggeber des Grabmals zurück, auf LOEWE, der hiermit ein Zeichen der Emanzipation setzen wollte, deren entschiedener Anwalt er ja auch im öffentlichen Leben gewesen ist. Natürlich kommt sein ganz persönliches Schicksal dazu, an dem er offenbar schwer trug, denn nicht ohne Absicht ließ er – sonst unüblich – das Datum der Vermählung anbringen: Sophie war neunzehn, als LOEWE sie heiratete, aber die Ehe dauerte nur neun Jahre. Ihr Bildnis, jugendlich anmutig, war für den Mann ein Denkmal der Gattenliebe, und wenn sich dies im allgemeinen nur in den Inschriften kundtut, wofür es sehr beeindruckende Beweise gibt, so hat dieser Sinn hier eben seine Gestalt gewordene Ausprägung gefunden, die übrigens auch in der Stellung der beiden Grabmale zum Ausdruck zu kommen scheint: Sie stehen nicht Seite an Seite, sondern einander gegenüber, so als wolle der Mann die geliebte Frau in seinem Angesicht behalten.

An dem schmalen Pfad, der bei dem Erbbegräbnis LOEWE im spitzen Winkel in unseren Rundgang mündet, liegen die Grabstätten zweier Männer, an denen wir ebenfalls nicht achtlos vorbeigehen sollten: Prof. Dr. Albert MOSSE (1846–1925) war nicht nur ehrenamtlicher Stadtrat in Berlin, Vorstandsmitglied des

Deutschen Städtetages und der Jüdischen Gemeinde Berlin, Kuratoriumsvorsitzender der Hochschule für die Wissenschaft des Judentums und Vizepräsident des Verbandes der deutschen Juden, sondern als profilierter Verfassungsrechtler auch Berater der japanischen Regierung, als diese 1886–1889 eine Städte- und Gemeindeverfassung erarbeiten ließ.

Hugo LUBLINER (1846–1911) schrieb unter dem Pseudonym Hugo Bürger seinerzeit vielgespielte Bühnenstücke wie »Der Frauenadvokat« (1873), »Der Jourfix« (1882), »Die armen Reichen« (1886), »Das fünfte Rad« (1898), »Ein kritischer Tag« (1904) sowie die Romane »Gläubiger des Glücks« (1886), »Die Frau von neunzehn Jahren« (1887) und Novellen.

Sophie Loewe

Albert Mosse

Lion und Deutsch

Schon durch seine Höhe ragt das Grabmal LION–DEUTSCH unter den umstehenden hervor. Es hat Tabernakel- bzw. Baldachinform. Vier Stützen, vorn Säulen, hinten Pfeiler, tragen über den Rundbögen ein Satteldach. Die Rückwand ist von einer großen Speichenrose durchbrochen. Nach der Signatur am Sockel rechts ist es von August Wilhelm Cordes, einem 1880 nach Amerika ausgewanderten Architekten, entworfen und von M. L. Schleicher ausgeführt worden. In den 70er Jahren entstanden, steht es mit seinem romantisch-orientalisierenden Mischstil unter dem Einfluß des wenige Jahre zuvor fertiggestellten Baues der Neuen Synagoge in der Oranienburger Straße.

Nur wenige Schritte hinter diesem Grabmal steht das für Louis OPPENHEIM, gestorben 1909. Der schon erwähnte Architekt Max Landsberg hat es entworfen, einen auf hohem Sockel ruhenden Sarkophag von architektonischer Form

insofern, als der Deckel dem abgewalmten Dach eines Hauses ähnelt. Der plastische Stil, vergleichbar mit der neuklassizistisch-barocken Haltung des bekannten Berliner Architekten Ludwig Hoffmann, tritt mit der zarten und biedermeierlich anmutenden Kalligraphie auf dem Inschriftmedaillon in ein wohltuendes Spannungsverhältnis.

Das Grabmal des 1895 beim Bergsteigen in den Alpen tödlich verunglückten Jurastudenten Paul MODEL aus carrarischem Marmor auf einem Granitsockel zeigt das reliefierte Porträt des Verstorbenen auf einer Kartusche. Das an sich schon bemerkenswert seltene Beispiel einer Menschendarstellung (auf diesem Friedhof das zweite nächst dem Grabmal der Sophie Loewe) ist ganz einmalig in der Wiedergabe zweier trauernder Genien, deren Körper wie mit der Draperie verwachsen scheinen.

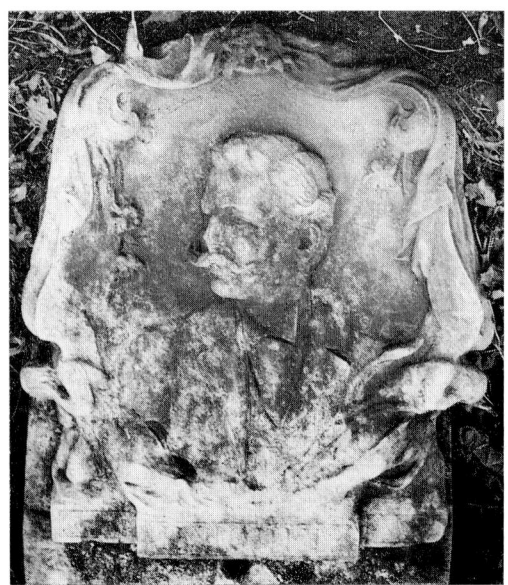

Paul Model

Louis Oppenheim

Doch kehren wir zurück auf den entlang der Friedhofsgrenze führenden Weg, so werden wir wiederum auf ein stark verfallenes gußeisernes Grabmal aufmerksam. Hier liegt Joseph LIEBERMANN (1783–1860), der Großvater des Malers Max Liebermann. Er war aus Märkisch-Friedland, dessen bedeutende jüdische Gemeinde ihn nur ungern hatte gehen lassen, nach Berlin gekommen und war dort zu dem führenden Kattunhersteller geworden, der dem preußischen König stolz berichten konnte: »Majestät, wir haben die Engländer (mit unserem Kattun) vom Kontinent verdrängt.«

Die folgende Grabstätte ist die des Physikers Prof. Dr. Theophil RIESS (1804–1883), der als erster Jude zum Mitglied der preußischen Akademie der Wissenschaften gewählt und auch vom König bestätigt worden war. Seine bekanntesten Werke sind »Die Lehre von der Reibungselektrizität« (1853) und »Abhandlungen zur Lehre von der Reibungselektrizität« (1867 und 1879).

Gegenüber der Begrenzungsmauer sind hier in einem Erbbegräbnis die Aschenreste des deutschen Orientforschers Hermann BURCHARDT (1857–1909) beigesetzt, der während einer Forschungsreise bei Tais im Jemen ermordet worden war.

Der Weg verläuft jetzt in einem kurzen Abschnitt in Ost-West-Richtung. Hier finden wir in einem großen Erbbegräbnis einen Grabstein für Prof. Dr. Paul Wilhelm MAGNUS (1848 bis 1914), einen Botaniker, der sich vor allem mit den Algen befaßt hat und auch an einer Forschungsreise nach Java teilgenommen hatte. Der Sohn Werner MAGNUS (1876–1942) hatte seit 1921 ebenfalls eine Professur für Botanik. 1933 entließ ihn die Berliner Alma Mater als »Nicht-Arier«, neun Jahre später ging er vor der drohenden Deportation in den Freitod. Die Urne mit seinen Aschenresten wurde, obgleich er 1908 aus dem Judentum ausgetreten war, in dem Erbbegräbnis seiner Vorfahren beigesetzt.

Die Grabstätte MEYER–MAGNUS und Adolph MEYER in Form eines Peristyls, eines von Säulen bzw. Pfeilern umgebenen offenen Raumes, hier im dorischen Stil, zählt zu den stattlichsten, aber auch zu den spätesten Beispielen dieses klassizistischen Grabmaltyps, was insbesondere an der ziselierten Feinheit der Ornamentik zu erkennen ist. Die Berliner Baumeister Strack und Stüler sind die künstlerischen Väter dieser ausgeprägt vornehmen Formen, die auch noch die 80er Jahre des 19. Jahrhunderts bestimmen.

Meyer–Magnus

Moritz Manheimer

Joseph Jacob FLATAU (1812–1887) trug den Ehrennamen »Hopfenkönig«, weil er den Hopfenanbau in Preußen wieder eingeführt hatte.

In der Südwestecke des Friedhofs fällt ein sehr dekoratives Erbbegräbnis auf, das aus den gleichen gelben Ziegelsteinen gemauert worden ist wie das angrenzende Gebäude der heutigen Volkspolizei-Inspektion Prenzlauer Berg. Es ist dies das Erbbegräbnis des Kaufmanns Moritz MANHEIMER (1826–1916) und seiner Ehefrau Bertha (1837–1918), die nicht allein die jüdische Altersversorgungsanstalt Schönhauser Allee 22, sondern auch das Lehrlingsheim Pankow (heute Stadtbezirksbibliothek Ion Luca Caragiale) sowie das Hospital Oranienburger Straße 31 gegründet haben.

Die Eigenart des Grabmals LEHWESS – MANHEIMER besteht darin, daß hier so ziemlich alles zusammengefügt worden ist, was die 80er Jahre des 19. Jahrhunderts an Historismen zu bieten haben, die Neugotik ausgenommen: eine romanische Blendengalerie, ein Nischengewölbe in Muschelform nach Renaissance-Art, manieristisch dekorierte Säulen mit Kompositkapitellen und einem füllig ornamentierten Gebälk, als Bekrönung ein Lünettengiebel der Backstein-Renaissance, aber tief genischt, darüber und an den Seiten klassizistische Akroterien. Nächstverwandtes bietet die Warenhausfassade des Kaufhauses Victor Manheimer in der Oberwallstraße 6/7, von den Architekten A. Bohm und P. Engel, die zwar erhalten blieb, aber nach 1945 stark vereinfacht worden ist.

An dem nun unmittelbar an der Begrenzungsmauer des Friedhofs zum Eingangsplatz hin verlaufenden schmalen Weg sollten wir noch auf folgende Grabstätten achten: Ludwig TRAUBE (1818–1876) – auf dem Grabstein steht der Vorname Louis – galt als ein hervorragender Pathologe und klinischer Diagnostiker. So

Martin Zachart

hat er beispielsweise die experimentelle Pathologie in Deutschland begründet sowie die Auskultation und die Perkussion in die Medizin eingeführt. Obgleich Jude, wurde TRAUBE 1853 dirigierender Arzt der 2. Medizinischen Abteilung der Charité, 1857 Professor am Friedrich-Wilhelm-Institut und 1872 an der Universität Berlin.

Sein Sohn Ludwig TRAUBE (1861–1907) war Altphilologe und hatte seit 1900 an der Universität München eine Professur inne. Er war Mitbegründer der mittellateinischen Philologie. Seine Veröffentlichungen: »Poetae latini aevi Carolini« (1886–1896), »O Roma nobilis« (1891), »Textgeschichte der Regula S. Benedicti« (1898), »Nomina sacra« (1907).

Der erste habilitierte Jude in Preußen war 1847 der Neurologe Robert REMAK (1815 bis 1865). Ursprünglich auf entwicklungsgeschichtlichem Gebiet tätig – so entdeckte er die Keimblätter und zusammen mit Professor Schönlein den ersten menschenpathogenen Pilz (Acharion schoenleinii) –, hatte sich REMAK erst später der Neurologie zugewendet. Hier wurde er der Begründer der Elektrotherapie. Als seine wesentlichen Veröffentlichungen sind zu nennen: »Untersuchungen über die Entwicklung der Wirbeltiere« (1850–1855) und »Galvanotherapie der Nerven und Muskelkrankheiten« (1858).

Der Sohn Ernst REMAK (1849–1911) war ebenfalls Professor und als Neurologe tätig. 1895 schrieb er seinen »Grundriß der Elektrodiagnostik und Elektrotherapie für praktische Ärzte«. Eine Reihe medizinischer Fachbegriffe, wie das Remak-Ganglion, die Remak-Lähmung und das Remak-Zeichen, sind nach ihm benannt.

Es bleibt nun noch, auf einige Grabstätten an dem schmalen Weg hinzuweisen, der, in West-Ost-Richtung verlaufend, die Abteilungen A, C und E auf seiner einen sowie K und G auf der anderen Seite voneinander trennt.

Ein Grabmal aus schwarzem schwedischem Granit trägt in vergoldeten Lettern den Namen Martin ZACHART (1823–1916), eines Steinmetzmeisters, der auch auf diesem Friedhof zahlreiche Grabmale gefertigt hat. »Seine Werke folgen ihm nach«, heißt es denn auch zuletzt auf der mittleren der drei Inschrifttafeln, die den breiten Block gliedern. Das Grabmal erhebt keinen sonderlichen Anspruch auf eine künstlerische Aussage. Dennoch lehrt es uns, wie lange noch bestimmte Formen nachleben und dabei zu Formeln werden können. ZACHART, geborener Berliner, hat den Klassizismus quasi an der Quelle und so ziemlich in allen Entwicklungsphasen miterlebt und ist ihm auch als hochbetagter Mann treu geblieben.

Für Hermann LEHMANN (1837–1900) und seine Ehefrau Agnes (1838–1911) wurden zwei Sarkophage aufgestellt, deren Material (Marmor), Abmessungen und Dekoration denen des Ehepaares Makower ähneln, woraus geschlossen werden darf, daß sie aus derselben Steinmetzwerkstatt kommen. Anders gestaltet sind nur die oberen Abdeckungen: Pulte, auf deren unterem Ende schwere Kränze liegen, die Schleifen weit über den Rand herabhängend.

Etwa auf gleicher Höhe, aber abseits des Weges in der Abteilung K, steht ein Sandsteinmal in Form eines Baumstammes. Die Krone ist abgebrochen, nur der Stumpf ragt noch empor – Sinnbild für ein in seiner vollsten Kraft vernichtetes Leben. Dahinter verbirgt sich das biblische Motiv des Baumes, der allen Lebewesen Schutz und Nahrung bietet und dann doch fallen muß, etwa so, wie es uns das Danielbuch im Traumbild des Königs Nebukadnezar überliefert (Daniel 4, 7–12). Hier windet sich eine Schlange zu einem Nest empor, über das ein Vogel schützend seine Flügel breitet. Der Name und die Daten des hier Bestatteten sind z. T. verstümmelt: Adele FRÄNKEL geb. Unger zu Erfurt ... 3. Juli 1822 ... 9. Febr. 1874. Die Signatur des Bildhauers aber ist vollständig erhalten: L. Seegall Breslau.

Ursprünglich als Hausarzt in vornehmen Familien, wie z. B. bei Varnhagen von Ense, und seit 1857 dann nur literarisch tätig, war Max

Hermann und Agnes Lehmann

Grabmal in Form eines Baumstumpfes

RING (1817–1901) ein außerordentlich produktiver und populärer Autor. Er schrieb Dramen, Lustspiele, Gedichte, Romane, Novellen, Reisebilder und Kulturstudien, veröffentlichte im »Kladderadatsch«, in der »Montagpost« und in der »Gartenlaube«. Während die im Geist ihrer Zeit entstandenen Titel, wie »Verirrt und erlöst« (1859), »Seelenfreunde« (1871) oder »Eine unversorgte Tochter« (1876), kaum mehr unser Verständnis finden können, zeugen doch seine historischen Romane, wie »John Milton und seine Zeit« (1857), »Rosenkreuzer und Illumination« (1861) oder auch seine »Stadtgeschichten« (4 Bde. 1852, 3 Bde. 1858, 2 Bde. 1865, 3 Bde. 1876), »Berliner Leben, Kulturstudien und Sittenbilder« (1883) und »Die deutsche Kaiserstadt Berlin und ihre Umgebung« (illustriert 1883), von ausgezeichneten Kenntnissen der Geschichte und Beobachtungsgabe. Für seine literarischen Verdienste wurde RING 1890 ehrenhalber zum Professor ernannt.

Ebenfalls als Arzt in Berlin tätig war Wolfgang STRASSMANN (1821–1885), der sich hier bereits an der revolutionären Bewegung vor 1848 beteiligt hatte. Als Mitglied der Fortschrittspartei war er seit 1863 Stadtverordneter, 1875 Stadtverordnetenvorsteher und von 1876 bis zu seinem Tode Mitglied des preußischen Abgeordnetenhauses.

Eine dekorative Sockelplatte und eine abgebrochene Säule kennzeichnen das Doppelgrab von Paul MEYER (1844–1928) und seiner frühverstorbenen Gattin (1857–1898). Unter den vielen Symbolen der Vergänglichkeit hat die geborstene Säule den Vorzug, ohne viel Erläuterungen auszukommen. So unmittelbar und allgemein verständlich ist ihr Sinn, seitdem Bauwerke durch Menschenhand oder Naturgewalt zerstört werden und nur noch Säulenstümpfe als letzte Reste davon emporragen. Ein großer Palmwedel, der sich an das hohe Postament schmiegt, und eine bis zur Spitze des Säulenschafts hinaufgewundene Rosengirlande

Paul Meyer und Ehefrau

74

symbolisieren Trauer und liebendes Gedenken des Mannes.

Sein eigenes, bescheideneres Grabmal besteht aus einer Sockelplatte mit Trauerflor und hingestreuten Rosen und nimmt damit dieselbe Gestalt wie am Grabmal der Frau an. Das Ganze ist aus Marmor und geht stilistisch mit den marmornen Sarkophaggrabmalen dieser Zeit (Makower, Lehmann, Ginsberg) eng zusammen.

Die Grabstätten einiger auf diesem Friedhof bestatteter bedeutender Persönlichkeiten harren noch der Wiederentdeckung. Unter diesen sind vor allem zu nennen:

Aaron David BERNSTEIN (1812–1884), Pädagoge, Revolutionär von 1848, Gründer der »Berliner Volkszeitung« (1849), Autor der »Revolutions- und Reaktionsgeschichte Preußens und Deutschlands von den Märztagen bis zur neuesten Zeit« und der »Naturwissenschaftlichen Volksbücher« (1855) sowie einer der ersten Schilderer jüdischen Volkslebens in Deutschland. BERNSTEIN veröffentlichte unter dem Pseudonym Rebenstein.

Leiser LANDSHUT (1817–1887), der jüdische Theologie studiert und dann zusammen mit Moritz VEIT eine hebräische Buchhandlung etabliert hatte. Er kopierte und ordnete das alte, in hebräischer Sprache abgefaßte Gemeindearchiv von Berlin und die Inschriften der Grabmale auf dem Friedhof an der großen Hamburger Straße. LANDSHUT schrieb ein alphabetisches Verzeichnis der bedeutendsten Liturgiedichter mit biographischen und bibliographischen Notizen (2 Bde. 1857–1862), einen Anhang zum Gebetbuch mit historischen und kritischen Notizen über die einzelnen Gebete (1845), Essais über die Pessach-Haggadah (1855), ein Gebet- und Andachtbuch zum Gebrauch bei Kranken und Sterbenden (1867) sowie eine Geschichte des Berliner Rabbinats von 1671 bis 1871 (1884).

Weißensee, Herbert-Baum-Straße

Um 1875 war die Mitgliederzahl der Jüdischen Gemeinde bereits auf 65 000 angewachsen. Damit stieg auch die Zahl der Sterbefälle. Gleichzeitig zeichnete sich die Vollbelegung des Friedhofes in der Schönhauser Allee ab. Deshalb mußten für die Zukunft ausreichende Beisetzungsstellen geschaffen werden, und die Jüdische Gemeinde zu Berlin erwarb ein über 40 Hektar großes Gelände außerhalb der Stadt auf dem Territorium Weißensee zur Einrichtung eines neuen Begräbnisplatzes.

Im Frühjahr 1878 schrieb die Jüdische Gemeinde einen Wettbewerb für die Gestaltung des neuen Friedhofes aus. Teilnahmeberechtigt waren die Mitglieder des Berliner Architektenvereins. Die Einsender hatten Entwürfe eines Lageplanes, des Leichenhauses, der Feierhalle, des Dienstgebäudes, einer massiven Einfriedung mit Einfahrtstor und einer Portierswohnung zu liefern sowie in einem Kostenüberschlag nachzuweisen, daß die Gesamtkosten 150 000 Mark nicht übersteigen würden. Als Preisrichter fungierten vier Mitglieder der Jüdischen Gemeinde und drei des Architektenvereins, darunter der Geheime Regierungs- und Baurat Friedrich Hitzig. Ein erster Preis wurde mit 1500 Mark und ein zweiter mit 600 Mark ausgelobt. Von fünfundzwanzig eingereichten Entwürfen wurden drei als »relativ beste« erklärt, die gesamte Preissumme zu je einem Drittel deren Schöpfern zuerkannt und unter diesen, den Architekten von Holst, Kühn und Licht, ein weiterer Wettbewerb veranstaltet. Auch dieser Ausscheid wurde zwar nicht als erfolgreich angesehen, weil alle drei Entwürfe immer noch zu kostspielig waren, doch wurde durch ihn Hugo Licht als Sieger ermittelt, obgleich die Jury an seinem Entwurf beanstandete, das Ganze sei »nicht sehr weihevoll und einem rituellen Gefühl entsprechend komponiert, sondern neigt zur Profanarchitektur«. Positiv beurteilt wurden eine günstige Massenverteilung und einfache Formen, die bei Verwendung guten Materials und sorgfältiger Ausführung ein befriedigendes Resultat versprächen.

Licht war zu diesem Zeitpunkt freiberuflich als Architekt in Berlin tätig, von 1879 bis 1906 arbeitete er dann als Stadtbaurat und als Professor für Baukunst in Leipzig, wo er neben weiteren Gebäuden das neue Rathaus, das Stadthaus, das alte Grassimuseum und die Hochschule für Musik entworfen hat.

Lichts Wettbewerbsentwurf für den jüdischen Friedhof wurde mit nur geringfügigen Änderungen, die jedoch die Gesamtkosten des Baues um weitere 50 000 Mark auf 230 000 Mark anwachsen ließen, verwirklicht. So wurde die Trauerhalle höher, als zunächst vorgesehen, und damit repräsentativer ausgeführt.

Außerdem wurden ein WC-Gebäude und – weil es hier damals eine zentrale Wasserversorgung noch nicht gab – auch ein Wasserturm hinzugefügt.

Die gesamte Bauleitung lag in den Händen des Architekten Freitag, die Bauarbeiten wurden von dem Maurermeister Landré ausgeführt und das Eisenportal von dem Schmiedemeister Fabian gefertigt.

Die feierliche Einweihung, zu der sich etwa zweihundert Personen, darunter auch der Landrat des Kreises Niederbarnim, Scharnweber, sowie Vertreter der Stadt, der Bürgerschaft und der Jüdischen Gemeinde selbst, eingefunden hatten, fand am 9. September 1880 statt. Sie wurde eröffnet mit einer Ansprache des Justizrates Meyer, der insbesondere den am Bau Beteiligten dankte. Dabei gab er auch der Hoffnung Ausdruck, daß die Mehrzahl der Begräbnisfeierlichkeiten zukünftig, statt wie bis dahin in den Trauerhäusern, in der Trauerhalle vollzogen würden. Die eigentliche Weiherede, der die Sätze »Das Geschlecht ehrt sich selbst, das seine Toten ehrt« und »Die geboren wurden, ihrer harret der Tod, und welche sterben, ihrer harret das Leben« zugrunde lagen, hielt der Rabbinatsassessor Dr. Frankl. Anschließend sang ein Chor und sprach Rabbinatsassessor Dr. Ungerleider ein feierliches Gebet.

Wenn wir heute von der Herbert-Baum-Straße kommend das reichgegliederte Eingangsportal – es besteht aus einer Doppeleinfahrt für Wagen der Leidtragenden und zwei

Eingängen für Fußgänger, während für die Leichentransporte eine gesonderte Einfahrt vorhanden ist – durchschritten haben, stoßen wir auf ein Rondell, in dessen Mitte ein Stein zum Gedenken an die 6 Millionen jüdischen Opfer der faschistischen Verfolgung errichtet ist. Die Namen aller großen Konzentrationslager sind auf den kreisförmig angeordnet liegenden Steinen eingemeißelt. Hier finden alljährlich am Internationalen Gedenktag für die Opfer des Faschismus Kranzniederlegungen und Gedenkveranstaltungen statt.

Das Rondell, ursprünglich von hohen Bäumen eingefaßt, liegt in der Mitte eines Eingangshofes, der von der bereits erwähnten Friedhofsmauer, zwei daran angebundenen Flachgeschoßbauten, die einen kleinen Blumenladen, Besuchertoiletten und Sozialräume für die Beschäftigten enthalten, sowie von einem weiteren Gebäudekomplex umrahmt wird. Dieser letztere hat einen T-förmigen Grundriß und besteht aus zwei zweigeschossigen Bauten, der eine mit Verwaltungsräumen und Wohnungen, der andere mit den Leichenräumen, sowie aus der Trauerhalle, die untereinander durch teilverglaste Arkadengänge verbunden sind.

Die Trauerhalle ist ein Zentralbau auf quadratischem Grundriß mit drei rechtwinkligen Anbauten und einer halbrunden Apsis zur Aufnahme eines Predigerpultes. Sie ist gekrönt von einem achteckigen Tambour über kreisförmigem Sims und überdeckt mit einem achtseitigen Kreuzrippengewölbe. Schon bei der Einweihung wurde die ausgezeichnete Akustik in der Trauerhalle gerühmt.

Alle Gebäude im Eingangsbereich sind mit gelben Ziegeln im Blockverband verblendet, auch die Friedhofmauer besteht hier aus diesem Material. Die Architektur stellt eine eklektizistische Form der italienischen Renaissance-Baukunst dar.

Zwei weitere Gebäudekomplexe – eine aus sechs Gewächs- und zwei Palmenhäusern sowie aus Frühbeetkästen und Freilandflächen bestehende Gärtnerei und die wegen der großen Entfernungen auf diesem Friedhof 1910 errichtete Neue Trauerhalle mit Warteräumen

זכור יהוה מה חיה לנו
GEDENKE EWIGER
WAS UNS GESCHEHEN.
GEWIDMET DEM GEDÄCHTNIS
UNSERER ERMORDETEN
BRÜDER UND SCHWESTERN
1933 — 1945
UND DEN LEBENDEN
DIE DAS VERMÄCHTNIS
DER TOTEN ERFÜLLEN SOLLEN
DIE JÜDISCHE GEMEINDE ZU BERLIN

Gedenkstein am Haupteingang

und Blumenhalle – sind 1944 durch Bomben so stark zerstört worden, daß ein Wiederaufbau nicht mehr vertretbar war. An dem am 1. Juni 1924 eröffneten Eingang an der heutigen Indira-Gandhi-Straße steht lediglich ein unbedeutender Flachbau für Pförtner und Besuchertoiletten.

Das Friedhofsgelände ist streng geometrisch in Rechtecke sowie in trapezförmige und dreieckige Teilflächen gegliedert. Während der Eingangskomplex mit der Alten Trauerhalle nur auf die Achse der außerhalb des Friedhofes verlaufenden Herbert-Baum-Straße bezogen ist, bildete die Neue Trauerhalle den Endpunkt eines langen Hauptweges innerhalb des Friedhofs.

Das Wegenetz des Friedhofes ist in Haupt- und Nebenwege gegliedert. In den Abteilungen 1 und 2 waren einige Wegkreuzungen platzartig erweitert und durch Grüninseln betont. Zur Erleichterung des Wirtschaftsverkehrs innerhalb des Friedhofes mußten diese in den letzten Jahren stellenweise entfernt werden.

Einige Haupt- und Nebenwege sind alleeartig bepflanzt, vorrangig mit Spitzahorn, Winterlinde und Traubeneiche oder aber auch mit Dorn und Baumhasel. Die ursprünglich ebenfalls vorhandenen Ulmen sind mittlerweile, wie anderswo auch, überwiegend dem Ulmensterben zum Opfer gefallen. Innerhalb der Abteilungen sind die schon genannten Gehölze und weitere, vor allem Weichholzarten wie Weide, Pappel und Birke, infolge unzureichender Pflege in den letzten fünf Jahrzehnten wild und ungezügelt gewachsen.

Die bereits bei der Gründung des Friedhofes konzipierte Einteilung nach Erbbegräbnissen, Wahl- und Reihenstellen widerspiegelt sehr getreu die Besitzverhältnisse der damaligen bürgerlichen Klassengesellschaft. Der handwerkliche, z. T. aber auch der künstlerische Wert vieler Grabmale und Grabausstattungen ist beachtlich, manche beeindrucken allerdings noch eher durch einen kolossalen Aufwand.

In der Abteilung A 1, nahe der Trauerhalle, wurde eine Ehrenreihe für hervorragende Persönlichkeiten, die sich um die Gemeinde, das Judentum oder die Kultur und die Wissenschaften verdient gemacht hatten, angelegt.

Wenn auch die Erdbestattungen auf diesem Friedhof überwiegen, waren nach einem Gemeindebeschluß auch Feuerbestattungen möglich. 1926 wurden deshalb in günstiger Lage nahe der Neuen Trauerhalle eine Urnenabteilung eingerichtet und »dort Aschen nicht mehr in Särgen beigesetzt«, wie es in den Bekanntmachungen im Gemeindeblatt aus jenem Jahr heißt. Später sind dann noch drei weitere Urnenabteilungen, ebenfalls in geringer Entfernung zu den Feierhallen, angelegt worden.

Am 27. Juni 1927 wurde auf dem Friedhof ein Ehrenfeld für die im ersten Weltkrieg gefallenen jüdischen Soldaten eingeweiht, das nach einem Entwurf des Gemeindebaumeisters Alexander Beer gestaltet worden war.

Das von einer übermannshohen Kalksteinmauer umgebene 90 × 49 m große Ehrenfeld besteht aus einem rechteckigen unteren Parterre mit einem Mittelweg und einer Lindenallee sowie aus einem halbrunden oberen Parterre, das durch eine Stützmauer mit eingezogener Treppe von dem unteren getrennt ist. In der Mitte des oberen Parterres steht ein 3 m hohes Denkmal aus Muschelkalkstein, das einen monumentalen Altar darstellt, geschmückt mit einer Inschrift und der Abbildung des Löwen, der gemäß Jakobs Weissagung (1. Mose 49, 9 und 10) Juda symbolisiert. Die einzelnen Grabstätten dieser Abteilung sind gekennzeichnet durch einheitliche, sehr schlichte Grabsteine. Beide Parterres sind als Rasenflächen angelegt. Außer der kleinen Lindenallee stehen in der Anlage mehrere Fliedergruppen.

Unter den zahlreichen Gräberanlagen für Gefallene des ersten Weltkrieges in Berlin dürfte die auf dem jüdischen Friedhof Weißensee wohl die eindrucksstärkste und künstlerisch hervorragendste sein.

Während der faschistischen Zeit wurde in der Abteilung 7 schließlich auch ein Feld eingerichtet, in dem die Aschen von 809 in den Konzentrationslagern Auschwitz, Buchenwald, Dachau, Mauthausen, Ravensbrück und Sachsenhausen ermordeten Juden beigesetzt worden sind. Auf anderen Grabsteinen des Friedhofes

Trauerhalle – Rückseite

findet man die Namen von Familienangehörigen, die in den faschistischen Konzentrationslagern ermordet wurden, eingemeißelt – zum Gedenken für einzelne aus der Zahl der tausendfach namenlos gebliebenen jüdischen Opfer dieser einst blühenden Gemeinde.

In den nach dem zweiten Weltkrieg belegten Abteilungen finden wir die Einteilung in Erbbegräbnisse, Wahl- und Reihengräber nicht mehr, wohl aber wurden von der Gemeinde nahe dem Eingang Indira-Gandhi-Straße zwei Sonderfelder eingerichtet, in denen auch nichtjüdische Ehepartner, die während der Verfolgungszeit fest zu ihren jüdischen Frauen und Männern gehalten hatten, beigesetzt werden können.

Als erster wurde auf diesem Friedhof am 22. September 1880 Louis GRÜNBAUM, ein ehemaliger Bewohner des Altersheims in der Großen Hamburger Straße, beigesetzt. Sein Grab befindet sich in der Abteilung A unmittelbar hinter dem des in der Ehrenreihe bestatteten Landesrabbiners Dr. h. c. Martin RIESENBURGER. Bis zum November 1926 hatten weitere 72000 Beisetzungen stattgefunden. Zu diesem Zeitpunkt betrug die Zahl der eingetragenen Mitglieder der Jüdischen Gemeinde zu Groß-Berlin 170000.

Dem Bestattungswesen des Friedhofes, das einer 18köpfigen Friedhofskommission der Gemeinde unterstand, gehörten damals 67 Beamte und Angestellte, darunter 15 Sargträger, Gruftmacher u. a. m., an. 201 weitere Arbeitskräfte waren in der Gärtnerei des Friedhofes und in den Pflegebereichen beschäftigt.

In den ersten Jahren der faschistischen Diktatur war der Friedhof für viele jüdische Männer und Frauen, die eine Auswanderung anstrebten, eine Ausbildungsstätte. Sie wurden hier zu Gärtnern umgeschult, damit sie sich so im Ausland eher eine neue Existenz schaffen konnten.

In seinem kleinen Buch »Das Licht verlösche nicht« hat der spätere Landesrabbiner Dr. h. c. Martin Riesenburger berichtet, wie der Friedhof während des Krieges auch ein letzter Zufluchtsort für die Gehetzten und gleichzeitig Keimzelle für das Wiedererstehen der Jüdischen Gemeinde war. Sehr anschaulich hat Riesenburger darin auch geschildert, wie noch in letzter Minute fliehende SS-Leute in die Friedhofsgebäude, in denen sich die verbliebenen Mitarbeiter des Friedhofes verborgen hatten, eindringen wollten und wie dann endlich am Nachmittag des 23. April 1945 der erste sowjetische Soldat das Tor des Friedhofes durchschritt, von den nunmehr Geretteten weinend umarmt.

Neben der Beseitigung von Kriegsschäden – durch etwa fünfzig Bombeneinschläge waren immerhin nahezu 4000 Gräber beschädigt oder gar völlig zerstört worden – waren nun viele Juden, die provisorisch an anderen Orten, wie z. B. im Vorgarten des jüdischen Krankenhauses in der Iranischen Straße, beigesetzt worden waren, zum Friedhof umzubetten.

In den ersten Nachkriegsjahren setzte auch die Westberliner Gemeinde ihre Toten noch in Weißensee bei, 1955 weihte sie aber ihren eigenen, von dem Architekten Kurt Lechnitzer und dem Landschaftsarchitekten Bernhard Kynast gestalteten Friedhof im Stadtbezirk Charlottenburg an der Heerstraße ein.

Die Trauerfeiern in Weißensee führt ein Kantor der Westberliner Gemeinde durch, er regelt den rituellen Ablauf der Feiern und hält auch die Trauerreden. Heute arbeiten auf dem Friedhof 2 Verwaltungsangestellte sowie 11 Arbeitskräfte im Bestattungswesen und in der Grabstätten- und Friedhofspflege. Die Zahl der bis 1980 Beigesetzten beträgt etwa 115000, aber nur für rund 1500 Grabstätten gibt es Pflegeaufträge.

In jedem Jahr werden auf den Friedhöfen der Hauptstadt der DDR – Berlin – umfangreiche Erneuerungs- und Rekonstruktionsmaßnahmen im Auftrag des Stadtgartenamtes des Magistrats von Berlin durch entsprechende Baubetriebe vorgenommen. So wurden u. a. das Urnenfeld für die KZ-Opfer und das Ehrenfeld für die im ersten Weltkrieg gefallenen jüdischen Soldaten wiederhergestellt, neue Beisetzungsflächen hinter der Alten Trauerhalle geschaffen, Hauptwege ausgebaut und zahlreiche geschädigte oder durch zu dichten Stand gefährdete Bäume entfernt und damit

Ehrenhain – Eingang

Ehrenhain – zentrales Ehrenmal

Ehrenhain – Parterre

Arbeiten nachgeholt, die in den vergangenen vier, fünf Jahrzehnten zwangsläufig hatten vernachlässigt oder aufgeschoben werden müssen. Diese Arbeiten werden seit einigen Jahren durch freiwillige Arbeitseinsätze kleinerer Gruppen von Jugendlichen der Freien Deutschen Jugend sowie aus verschiedenen kirchlichen Institutionen und Gemeinschaften, wie der Aktion Sühnezeichen oder der niederländischen ökumenischen Gemeinde, im Detail ergänzt.

Die Regierung der Deutschen Demokratischen Republik hat die große Bedeutung der auf ihrem Territorium bestehenden jüdischen Friedhöfe erkannt. Gemäß einem Beschluß des Ministerrates der DDR ist der Friedhof in der Schönhauser Allee als ein Denkmal der Kulturgeschichte in die Zentrale Denkmalliste aufgenommen worden. Der Magistrat der Hauptstadt hat in die Berliner Bezirksdenkmalliste den Gedenkstein für die 50 000 jüdischen Opfer des Faschismus in der Großen Hamburger Straße 26 als Denkmal der politischen Geschichte, den Friedhof selbst im Komplex Große Hamburger Straße – Sophienstraße – Koppenplatz als Denkmal des Städtebaus und der Architektur sowie den Friedhof Herbert-Baum-Straße 45 als Denkmal der Kulturgeschichte aufgenommen.

Diese Beschlüsse stellen an die Eigentümer bzw. Rechtsträger ebenso wie an die zuständigen staatlichen Organe hohe Anforderungen, die es auch in der Zukunft zu erfüllen gilt.

Gräber und Gedenkstätten auf dem Friedhof Herbert-Baum-Straße

Wer an dem Blumenladen vorbei an der Halle entlanggeht, sieht rechts unter alten Bäumen Grabsteine. Es ist die Ehrenreihe (im Lageplan unter A 1 zu finden), die mit den Gräbern des Rabbiners Dr. P. F. FRANKL (1849–1887) und des Leiters der Berliner Reformgemeinde Immanuel RITTER (1825–1890) beginnt. Hier liegen hervorragende Persönlichkeiten des jüdischen Lebens in Berlin begraben. Auf einige sei besonders hingewiesen.

Leopold LOEWENHERZ (1847–1892), Physiker und Regierungsrat in Berlin, wo er an der Physikalisch-Technischen Reichsanstalt die technische Abteilung leitete.

David CASSEL (1818–1893), Hebraist. Er promovierte 1842 in Berlin, erwarb anschließend das Rabbinerdiplom und leitete von 1846 bis 1879 die »Dina-Nauensche-Erziehungsanstalt für Waisenkinder«. Gleichzeitig lehrte er an jüdischen Schulen und verfaßte Lehr- und Wörterbücher, darunter eine Geschichte der jüdischen Literatur. 1872 wurde David CASSEL an die im selben Jahr in Berlin gegründete Hochschule für die Wissenschaft des Judentums berufen.

Julius LOEWENBERG (1800–1893), Geograph. »Er erfreute sich der besonderen Freundschaft Alexander von Humboldts, aus dessen Leben er viele Erinnerungen veröffentlichte«, bemerkt Martin Riesenburger.

Louis LEWANDOWSKI (1821–1894), Komponist und Chordirigent. Der Hochbegabte wanderte als mittelloser Junge aus seinem Geburtsort Wreschen nach Berlin ein, wo ihn Alexander Mendelssohn förderte, ein Enkel von Moses Mendelssohn. So wurde LEWANDOWSKI als erster Jude Eleve an der Akademie der Künste. Aron Friedmann berichtete in seiner Studie »Der synagogale Gesang« (1908), die eine Biographie LEWANDOWSKIS enthält, von der Aufnahmeprüfung der Akademie. Sie »dauerte zwei Tage. Lewandowski mußte in der Klausur zwei Chöre geistlicher Richtung komponieren, ein von einem anderen angefangenes Streichquartett vollenden und ein für Pianoforte komponiertes Stück für großes Orchester bearbeiten.«

Seit 1840 war LEWANDOWSKI Chordirigent in der Synagoge Heidereutergasse und wirkte seit 1866 in der Neuen Synagoge Oranienburger Straße. Sein Hauptverdienst ist die Reform des liberalen jüdischen Gottesdienstes. »Seine Werke fanden Eingang in alle jüdischen Gemeinden der Welt« (Riesenburger).

Louis LEWANDOWSKI, zu Lebzeiten hochge-

Ehrenreihe – Wegseite

ehrt, starb nur wenige Wochen nach dem Tode seiner Frau. Ihr gemeinsamer Grabstein trägt die Worte: »Liebe macht das Lied unsterblich!«

Moritz STEINSCHNEIDER (1816–1907), Begründer der wissenschaftlichen hebräischen Bibliographie. In einem Beitrag für eine Enzyklopädie veröffentlichte er 1850 die erste Darstellung der jüdischen Literatur. STEINSCHNEIDER katalogisierte 1852–1860 die hebräischen Drucke der Bodleiana (Oxforder Universitätsbibliothek) und verfaßte die Kataloge der hebräischen Handschriften in den Bibliotheken Leiden, München, Hamburg und Berlin. Als seine Hauptwerke gelten »Die hebräischen Übersetzungen des Mittelalters und die Juden als Dolmetscher« (1893), »Die Historiographie der jüdischen Ärzte des Mittelalters«, »Die arabische Literatur der Juden« (1902), »Die Mathematik bei den Juden« (1901). Von 1858

bis 1882 gab er die Zeitschrift »Hebräische Bibliographie« heraus.

STEINSCHNEIDER war seit 1859 Dozent an der Veitel-Heine-Ephraim-Stiftung in Berlin und leitete von 1869 bis 1890 die Töchterschule der Jüdischen Gemeinde; gleichzeitig arbeitete er an der königlichen Bibliothek in Berlin, der heutigen Deutschen Staatsbibliothek.

Heymann STEINTHAL (1823–1899), Philosoph. Er lehrte seit 1850 Sprachwissenschaft an der Berliner Universität, wo er 1855 Professor für allgemeine Sprachwissenschaft wurde. 1872 übernahm er an der soeben gegründeten Hochschule für die Wissenschaft des Judentums den Lehrstuhl für Bibelwissenschaft und Religionsphilosophie. Zusammen mit Moritz Lazarus (1824–1903) begründete STEINTHAL die wissenschaftliche Völkerpsychologie und war Herausgeber der »Zeitschrift für Völkerpsychologie

Ehrenreihe – Grabseite

Louis Lewandowski

Salomon Kalischer

und Sprachpsychologie«. Seine Hauptwerke sind »Der Ursprung der Sprache« (1851), »Grammatik, Logik und Psychologie« (1855) und »Über Juden und Judentum« (1907).

Salomon KALISCHER (1845–1924) war Professor an der Technischen Hochschule Berlin und von 1912 bis zu seinem Tode Präsident des Deutsch-Israelitischen Gemeindebundes.

Karl Emil FRANZOS (1848–1904), Schriftsteller. Er wollte Sprachwissenschaftler werden, bekam aber in Österreich, wo er 1871 als Sprecher progressiver Studenten vor Gericht stand, aus politischen Gründen und wegen seiner Konfession

keine Anstellung im Staatsdienst. 1872 wurde er Feuilletonredakteur, veröffentlichte erste Skizzen und Erzählungen und unternahm als Journalist ausgedehnte Reisen durch Mitteleuropa und den Orient. 1887 übersiedelte FRANZOS, dessen Vorfahren als Wachsfabrikanten um 1770 aus Lothringen nach Polen ausgewandert waren – daher sein Familienname –, nach Berlin. Hier war er vor allem als Journalist, Herausgeber und Verleger tätig. FRANZOS, der zeitlebens den revolutionären Traditionen seines Geburtsjahres treu blieb, schrieb: »Ich ziehe Schlüsse aus Tatsachen, die mir als Wahrheit feststehen, voll und ganz, ich fälsche keine Tatsachen, um Schlüsse daraus ziehen zu können.«

Heymann Steinthal

Karl Emil Franzos

Sein bedeutendstes Werk ist der Roman »Der Pojaz« (1905) – der Lebensweg eines Juden, der immer wieder versucht, sich aus den Fesseln des galizischen Gettos und von der demütigenden Zurücksetzung durch die bürgerliche Gesellschaft zu befreien. »Der Pojaz« erschien zuerst in Rußland. In der DDR sind mehrere Werke von FRANZOS in Einzelausgaben und Sammelbänden veröffentlicht, z. B. »Vom Don zur Donau« (1970). Auf seinem Grabstein stehen die Verse: »Wär' dein auch alle Erdenpracht / Und aller Weisheit Blüte / Das, was zum Menschen erst dich macht / Ist doch allein die Güte.«

Hermann STAUB (1856–1904), Jurist. Er war namhafter Anwalt, Mitbegründer und Mitherausgeber der »Juristischen Wochenschrift«. Seine Kommentare zum Handelsgesetzbuch und zum G.m.b.H.-Gesetz wiesen der Kunst der wissenschaftlichen Auslegung neue Wege. Sie wurden zum Typ der deutschen rechtswissenschaftlichen Kommentare und machten STAUB berühmt. An seinem Grab entstand als Bonmot seiner Freunde: »Hier liegt Staub – Kommentar überflüssig«.

Eduard BANETH (1855–1930), Talmudforscher und Professor an der Hochschule für die Wissenschaft des Judentums. »Er zählte zu den ge-

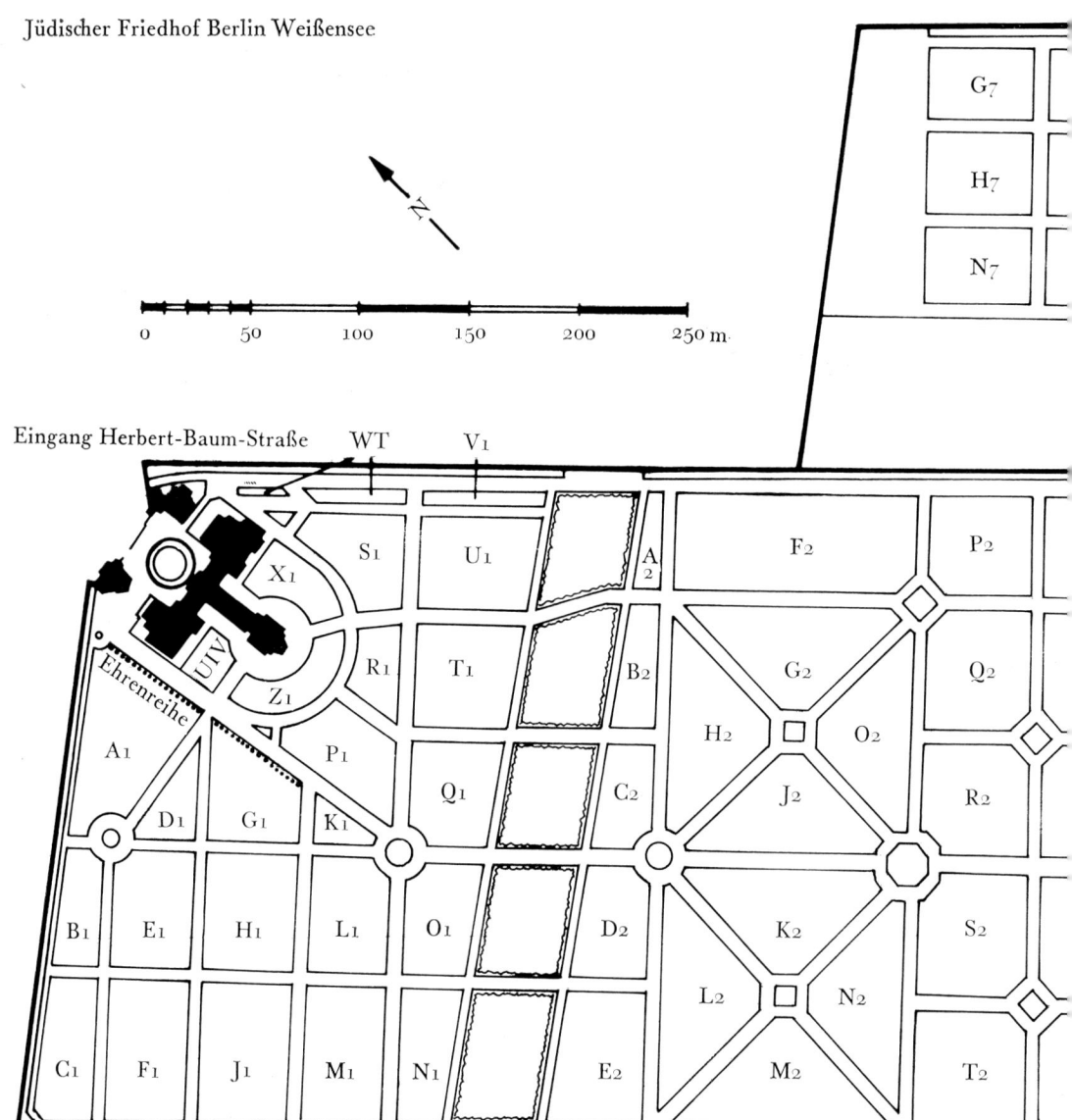

achteten Talmud-Gelehrten und bildete eine ganze Rabbiner-Generation heran« (Riesenburger).

Max HIRSCH (1832–1905), Nationalökonom und Sozialpolitiker. Nach dem Muster der englischen Gewerkschaftsbewegung, die er bei einer Studienreise kennengelernt hatte, gründete HIRSCH zusammen mit Franz Duncker, dem Berliner Verleger und Herausgeber der fort-

schrittlichen »Volkszeitung«, 1868 den Verband der deutschen Gewerkvereine, bekannt unter dem Namen Hirsch-Dunckersche Gewerkschaften. Max HIRSCH, der von 1869 bis 1893 Reichstagsmitglied war, ging von dem Gedanken einer natürlichen Harmonie zwischen Kapital und Arbeit aus. Er wollte die ökonomische und soziale Stellung des Arbeiters innerhalb der kapitalistischen Ordnung verbessern, nicht durch ihre Überwindung. Das war vor allem der

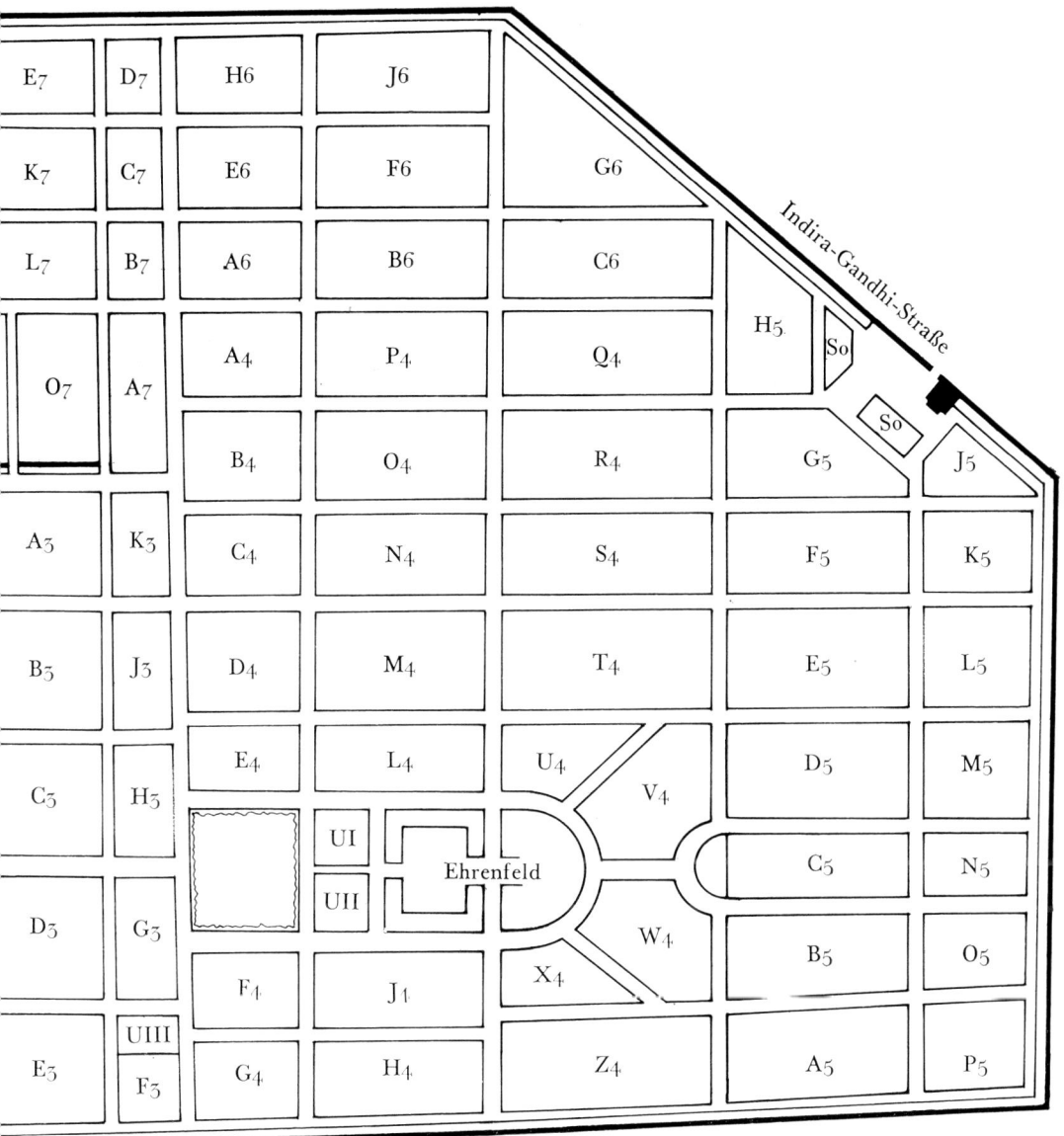

Grund, weshalb die Gewerkvereine geringen Einfluß auf die Arbeiterbewegung hatten.

Gustav KARPELES (1848–1909), Literaturhistoriker und Schriftsteller. Nach dem Studium wurde er Journalist in Breslau, war später Redakteur bei »Westermanns Monatsheften« und übernahm 1890 die »Allgemeine Zeitung des Judentums«. Mit zwanzig Jahren schrieb KARPELES sein erstes Büchlein über Heinrich Heine. Seine letzte Schrift heißt: »Heinrich Heines Memoiren«. Dazwischen liegen zahlreiche Veröffentlichungen über den Dichter, dessen Werke KARPELES 1887 in einer kritischen Gesamtausgabe veröffentlichte. Unter den vielen Arbeiten dieses fleißigen Mannes, der Vereine für jüdische Geschichte und Literatur begründete, seien erwähnt »Frauen in der jüdischen Literatur« (1870), »Geschichte der jüdischen Literatur« (1885), »Heine und seine Zeitgenossen« (1887), »Goethe in Polen« (1890), »Allgemeine Geschichte der Literatur« (1891) und »Literarisches Wanderbuch« (1898). »Er war ein guter Mensch«, heißt es im Nachruf der Zeitschrift »Ost und West«. »Sein Herz war der Quell seiner Weisheit«, steht auf dem Grabstein, der dem Betrachter durch seine kunstvolle zeitgenössische Gestaltung besonders auffällt.

Max JAFFE (1841–1911), Pharmakologe und Biochemiker. Er promovierte 1852 zum Dr. med. und arbeitete später in der Medizinischen Klinik in Königsberg, wo er Untersuchungen über die Bedeutung wichtiger Substanzen im Körper von Mensch und Tier begann. Er hatte zusätzlich eine Arztpraxis und war wegen seiner sozialen Haltung als »Armenarzt« weithin bekannt. 1873 übernahm JAFFE als erster Pharmakologe der Universität Königsberg ein Ordinariat dieses bisher nur nebenbei gelehrten Faches. Hauptthemen seiner Forschungen waren die Umwandlung und Entgiftung körperfremder Stoffe im Organismus, der Stoffwechsel körpereigener Substanzen, darunter das Kreatinin, dessen chemischer Nachweis (Jaffes Kreatininprobe) seither mit seinem Namen verbunden ist. Max JAFFE starb während eines Besuches in Berlin.

Hermann MUNK (1839–1912), Physiologe. Sein Forschungsgebiet waren Funktionen des Hirns und der Nervenerregung. Er lehrte seit 1862 an der Berliner Universität als Privatdozent, weil er als Jude weder staatliche Anstellung noch Lehrstuhl bekam. 1880 wurde MUNK Mitglied der Akademie der Wissenschaften. Er war Vorstand des Physiologischen Laboratoriums an der Tierärztlichen Hochschule zu Berlin und schrieb »Untersuchungen über das Wesen der Nervenerregung« (1868) und »Über die Funktionen der Großhirnrinde« (1880).

Keiner der bisher Erwähnten aus der Ehrenreihe A 1 und kaum einer aus der folgenden stammt aus Berlin. Sie kamen aus Polen, Ungarn, Schlesien, Mähren, Galizien und der Ukraine, aber auch aus Baden und Bayern, Riga und Magdeburg, Halberstadt, Gröbzig, Coswig und Zwickau. Zu ihren Lebzeiten entwickelte sich die Residenz zur Weltstadt. Im widerspruchsvollen Berlin sind sie durch ihre Leistungen zu Persönlichkeiten geworden, an die wir denken wollen. Um wieviel ärmer wäre ohne sie das Ansehen dieser Stadt!

Als letzter liegt in der Ehrenreihe A 1 Martin RIESENBURGER (1896–1965). Nach dem Studium der Religionsphilosophie wurde er 1933, nach der Machtübernahme der Nazis, Prediger und Seelsorger im Altersheim der Gemeinde in der Großen Hamburger Straße. Als die Verwaltung der Jüdischen Gemeinde 1943 aufgelöst wurde, »versetzte« man RIESENBURGER zum Friedhof in Weißensee. Er hat über die hier erlebte Schreckenszeit einprägsam in seinem Buch »Das Licht verlöschte nicht« (Berlin 1960) berichtet. Nach der Befreiung widmete RIESENBURGER seine Kraft dem Neuaufbau der Berliner Jüdischen Gemeinde, die sich 1953 spal-

Gustav Karpeles und Salomon Oppert

tete. Die Entwicklung der Jüdischen Gemeinde in der Hauptstadt der DDR ist im wesentlichen RIESENBURGERS Initiative zu verdanken. Die Ernennung zum Gemeinderabbiner verband er 1953 mit der Einweihung der wiederhergestellten Synagoge Rykestraße, der er den Namen »Friedenstempel« gab. Martin RIESENBURGER weihte auch die Synagogen in Dresden, Erfurt, Halle und Magdeburg. An seinem 65. Geburtstag wurde er mit dem Vaterländischen Verdienstorden in Gold und der Ehrendoktorwürde der Humboldt-Universität ausgezeichnet.

Wir sind an einem Ehrenplatz angelangt, an dem sich das Grab von Herbert BAUM befindet. »Er war ein vorbildlicher Kämpfer gegen Krieg und Faschismus« lautet die Inschrift.

Herbert BAUM (1912–1942) war der Sohn eines Buchhalters und besuchte bis 1928 eine Realschule in Berlin. Von 1928 bis 1931 lernte er bei einem Berliner Handwerksmeister den Beruf eines Elektrikers, konnte sich aber nicht weiterbilden, weil er wegen seiner jüdischen Herkunft von Abendkursen für Elektroingenieure ausgeschlossen wurde.

Herbert BAUM und seine spätere Frau Marianne waren in der »Deutsch-Jüdischen Jugendgemeinschaft« organisiert. Später leitete Herbert BAUM im »Bund Deutsch-Jüdischer Jugend« Kindergruppen an. 1934 wurde er Mitglied des Kommunistischen Jugendverbandes Deutschlands (KJVD). Als Angehörige der illegalen Leitung des Unterbezirks Südost des KJVD wirkten Herbert und Marianne BAUM seit 1935/36 in verschiedenen jüdischen Jugendorganisationen, um im Sinne der Brüsseler Konferenz der KPD eine breite Volksfront aller Hitlergegner zu schaffen. Es gelang ihnen, eine antifaschistische Widerstandsgruppe zu gründen, der neben weiteren Jungkommunisten eine beträchtliche Zahl junger jüdischer Antifaschisten angehörte und die eng verbunden war mit der illegalen Berliner Parteiorganisation der KPD. Nachdem das Ehepaar seit 1941 in der sogenannten »Judenabteilung« eines Rüstungsbetriebes arbeiten mußte, gewann es weitere junge jüdische Zwangsarbeiter für den illegalen Kampf. Als am 8. Mai 1942 im Berliner Lustgarten die Hetzausstellung »Das Sowjetparadies« eröffnet wurde, entschlossen sie sich, ein Signal des Widerstandes und der Freundschaft der deutschen Antifaschisten zur Sowjetunion zu geben. Es gelang, in der Ausstellung einen Brand zu legen. Vier Tage später wurden Herbert und Marianne BAUM und weitere Mitglieder der Gruppe verhaftet. Am 30. Mai 1942 eröffnete SS-Obersturmbannführer Eichmann den Vertretern der »Reichsvereinigung der Juden« in Berlin, »daß im Zusammenhang mit einem Anschlag auf die Ausstellung ›Das Sowjetparadies‹ in Berlin, an dem fünf Juden aktiv beteiligt waren, fünfhundert Juden in Berlin festgenommen, davon 250 erschossen und 250 in ein Lager abgeführt worden sind, daß weitere Maßnahmen dieser Art zu erwarten sind, falls noch einmal ein Sabotageakt vorkommen sollte, an dem Juden beteiligt sind«. Unter den sofort Ermordeten befand sich der Oberkantor der Berliner Jüdischen Gemeinde Hanns John.

Martin Riesenburger

Am 11. Juni 1942 wurde Herbert BAUM im Untersuchungsgefängnis ermordet. Marianne BAUM und 26 weitere Angehörige der Gruppe wurden 1942/43 hingerichtet. »Sie sind im Kampfe für Frieden und Freiheit gefallen«, ist auf der Rückseite des Steins zu lesen. Darüber steht eine Namensliste, die durch die Altersangaben besonders erschüttert: Die meisten waren zwischen 19 und 23 Jahren alt. 1949 gelang es, auf dem Friedhof in Marzahn das Grab von

Herbert BAUM zu finden. Die Leiche wurde am 8. September 1949 exhumiert und auf dem Friedhof in Weißensee beigesetzt. Die auf dessen Haupteingang zuführende Lothringenstraße wurde in Herbert-Baum-Straße umbenannt.

An dieser Stelle sei einer politischen Aktion auf diesem Friedhof gedacht, an der Herbert und Marianne BAUM und die ebenfalls später hingerichteten Gerd MEYER und Heinz ROTHOLZ teilnahmen. Am 3. Mai 1940 war im Konzentrationslager Buchenwald Rudi ARNDT ermordet worden, das ehemalige Mitglied des Zentralkomitees des KJVD. Erst im Oktober wurde seinem Vater die Urne ausgehändigt, »und erst einen Tag vor der Beisetzung erfuhren wir davon«, berichtete Ilse Haak (heute Stillmann) in ihren Erinnerungen. »Wir verabredeten uns im Betrieb, entschuldigten uns von der Arbeit und benachrichtigten alle erreichbaren Genossen, daß sie an der Feier zur Beisetzung teilnehmen sollten. Nachdem der jüdische Geistliche seine Rede gehalten hatte, versicherte ich im Namen der Genossen, daß Rudis Vermächtnis in uns weiterleben wird und wir uns verpflichten, nicht zu ruhen, bis unser Ziel erreicht ist.« Nach Kriegsende wurde die Urne von Rudi ARNDT in die Gedenkstätte der Sozialisten in Berlin-Friedrichsfelde umgebettet.

Im nächsten Abschnitt der Ehrenreihe – es ist das Feld G 1 – finden wir die Gräber weiterer bedeutender Menschen.

Martin PHILIPPSON (1846–1916), Historiker und Fürsorger. Er habilitierte sich 1871 in Bonn als Professor für neuere Geschichte und wurde 1875 als Professor nach Brüssel berufen, wo er 1890 Rektor der Universität war. Bald darauf übersiedelte PHILIPPSON nach Berlin. Hier veröffentlichte er seine dreibändige »Neueste Geschichte des jüdischen Volkes« (1907–1911) und wirkte am Gesamtarchiv der deutschen Juden in Berlin, das Urkunden und Akten der jüdischen Gemeinden, Verbände, Vereine und Stiftungen in Deutschland sammelte, literarische Nachlässe aufbewahrte und Familienpapiere und andere für die Geschichte der Juden be-

Herbert Baum, Vorderseite

DEN
ANGEHÖRIGEN DER GRUPPE
HERBERT BAUM
HINGERICHTET IN DEN JAHREN 1942/43

MARIANNE BAUM	30 JAHRE
MARTIN KOCHMANN	30 "
SALA KOCHMANN	30 "
GERD MEYER	22 "
HANNI MEYER	22 "
SUZANNE WESSE	29 "
IRENE WALTER	22 "
HEINZ BIRNBAUM	23 "
HEINZ ROTHOLZ	21 "
HELLA HIRSCH	22 "
ALICE HIRSCH	19 "
EDITH FRAENKEL	21 "
FELIX HEYMANN	26 "
WERNER STEINBRINK	26 "
HILDE JADAMOWITZ	26 "
HANS ADLER	30 "
HANS JOACHIM	21 "
MARIANNE JOACHIM	21 "
SIEGI ROTHOLZ	21 "
LOTTE ROTHOLZ	20 "
LOTHAR SALINGER	23 "
HILDE LÖWY	20 "
HERBERT BUDZISLAWSKY	22 "
HELMUT NEUMANN	21 "
HARDEL HEYMANN	31 "
KURT BERNHARD	40 "
HERBERT MEYER	32 "

SIE SIND IM KAMPFE FÜR FRIEDEN
UND FREIHEIT GEFALLEN

Herbert Baum, Rückseite

Herbert-Baum-Straße, Umbenennung

Hermann Cohen

Felix Coblenz

deutsame Dokumente. Diese Einrichtung bestand von 1905 bis 1943. Martin PHILIPPSON ist der Begründer der Arbeiterkolonie in Weißensee bei Berlin, mehrerer Fürsorgeanstalten und der Erziehungsanstalt für schwachsinnige Kinder in Beelitz.

Josef ESCHELBACHER (1848–1916), Rabbiner. Von 1876 bis 1900 war er Rabbiner in Bruchsal, wo er den Landesverein zur Erziehung jüdischer Waisen gründete. 1900 wurde er als Rabbiner für die Synagogen mit altem Ritus nach Berlin berufen. Zu seinen Veröffentlichungen zählen »Das Judentum und das Wesen des Christentums« und »Das Judentum im Urteil der modernen protestantischen Theologie«. Seine Frau Ernestine ESCHELBACHER (1858–1951) war führend in der jüdisch-sozialen Frauenarbeit tätig.

Josef STIER (1843–1919), Rabbiner. Er wirkte von 1871 bis 1890 als Rabbiner in Steinamanger (Ungarn) und anschließend in Berlin. Er schrieb u. a. »Priester und Propheten«.

Wir kommen nun zu einem Grab, dessen äußere Gestalt den traditionellen Typus des Sarkophaggrabmals vertritt und den Besucher daher am meisten an alte jüdische Friedhöfe erinnert. Hermann COHEN (1842–1918), Philosoph. COHEN ist der Gründer der sogenannten Marburger Schule des Neukantianismus. Er lehrte seit 1873 in Marburg als Privatdozent, wo er 1876 Professor wurde und bis 1912 tätig war. In seinen letzten Lebensjahren hielt er an der Berliner Hochschule für die Wissenschaft des Judentums Vorlesungen über allgemeine und jüdische Philosophie. Zu seinen Hauptwerken zählen »Die Religion der Vernunft aus den Quellen des Judentums« (1919), »Deutschtum und Judentum« (1916) und »Der

Begriff der Religion im System der Philosophie« (1915). Seine »Jüdischen Schriften« wurden 1924 in drei Bänden herausgegeben.

Adolf ROSENZWEIG (1850–1918), Rabbiner. Er wirkte als Rabbiner in Pasewalk, Birnbaum und Teplitz und kam 1887 nach Berlin, wo er als hervorragender Kanzelredner gerühmt wurde. Als Wissenschaftler betätigte er sich auf historischem und archäologischem Gebiet. Er schrieb u. a. »Das Auge in Bibel und Talmud«.

Siegmund MAYBAUM (1844–1919), Rabbiner. Er wurde 1881 nach Berlin berufen, wo er als Rabbiner eine führende Stellung einnahm. Seit 1888 lehrte MAYBAUM als Dozent für Homiletik (Predigtlehre) an der Hochschule für die Wissenschaft des Judentums. Sein Hauptwerk ist die »Jüdische Homiletik« (1890). MAYBAUM war ein berühmter Kanzelredner. Er gründete den Allgemeinen Deutschen Rabbiner-Verband, dessen langjähriger Vorsitzender er war.

Micha Josef BIN-GORION (1865–1921), hebräischer Schriftsteller. Er hieß mit ursprünglichem Namen Berdyczewski und ist einer der Initiatoren und Klassiker der neuen hebräischen Literatur. BIN-GORION wurde als Sohn eines orthodoxen Rabbiners in Miedzybórz (Ukraine) geboren und studierte mehrere Jahre an einer Talmudschule in Litauen. Nachdem er sich bis 1890 in Odessa abendländische Bildung autodidaktisch angeeignet hatte, studierte er in Breslau, Berlin und Genf, wo er 1896 zum Dr. phil. promovierte. In Berlin lernte er 1899 Rahel Ramberg kennen, die er 1902 heiratete und mit der er in Breslau lebte. 1911 zog die Familie endgültig nach Berlin, und BIN-GORION widmete sich ausschließlich literarischen und wissenschaftlichen Arbeiten. Seine Frau, eine hochbegabte Hebraistin, gab ihren Beruf als Zahnärztin auf und wurde seine Übersetzerin, »sein Mund« (Moritz Heimann). Zusammen mit ihrem Sohn Emanuel führte Rahel BIN-GORION die Editionen nach den Plänen ihres Mannes zu Ende und emigrierte 1936 nach Tel Aviv.

BIN-GORION schrieb Erzählungen aus dem

Leben zweier Generationen des östlichen Judentums (»Mirjam«, ein Roman-Mosaik, 1921) und förderte kritisch nationale Bestrebungen der jüdischen Jugend durch literarische, politische und theologische Kampfschriften. Von 1921 bis 1925 erschien in Leipzig eine zwanzigbändige Gesamtausgabe seiner hebräischen Schriften. BIN-GORION war darüber hinaus ein Forscher auf dem Gebiet der Ur- und Früh-

Micha Josef Bin-Gorion

geschichte des Juden- und Christentums. Am meisten bekannt wurde er als Sammler und Herausgeber der jüdischen Märchen, Legenden und Mythen (»Der Born Judas«, 1916) und des seit 1912 in mehreren Bänden erscheinenden Standardwerkes »Die Sagen der Juden«. Die 1978 im Leipziger Insel-Verlag veranstaltete Neuausgabe des »Borns Judas« enthält eine einfühlsame biographische Darstellung, die Emanuel Bin-Gorion über seinen Vater schrieb.

Philipp BLOCH (1841–1923), Rabbiner. Er wirkte nahezu fünfzig Jahre in Posen und lehrte als Professor an jüdischen wissenschaftlichen Institutionen in Deutschland. Sein Spezialgebiet war die Geschichte der Philosophie und der Kabbala. Er arbeitete an Winter-Wünsches »Geschichte der jüdischen Literatur« mit und war der langjährige Präsident der Vereinigung liberaler Rabbiner.

Benzion KELLERMANN (1869–1923), Rabbiner. Er lehrte seit 1901 an der Knabenschule der Berliner Gemeinde und wurde 1917 Rabbiner in Berlin.

Oscar CASSEL (1849–1923), Rechtsanwalt und Geheimer Justizrat. Er gehörte als freisinniger Abgeordneter von 1903 bis 1919 dem Preußischen Landtag an und wurde 1914 Ehrenbürger der Stadt Berlin. CASSEL zählte 1901 zu den Gründern des Hilfsvereins der deutschen Juden für notleidende Juden in Osteuropa und war auch Vorsitzender des Verbandes der deutschen Juden.

Eugen FUCHS (1856–1923), Jurist und Geheimer Justizrat. Er war Spezialist für Sachenrecht. Sein Hauptwerk »Das Wesen der Dinglichkeit« erschien 1888. FUCHS war von 1896 bis 1911 Vorstandsmitglied der Anwaltskammer und langjähriger Vorsitzender des Central-Vereins deutscher Staatsbürger jüdischen Glaubens.

Eugen GOLDSTEIN (1850–1930), Physiker. Er arbeitete in der Berliner Sternwarte und richtete nebenbei das Physikalische Kabinett der »Urania« ein, einer 1888 in Berlin eröffneten populärwissenschaftlichen Vereinigung. Seine Idee, dem interessierten Laien Gelegenheit zum Experimentieren zu geben, wurde später vom Deutschen Museum in München übernommen. In einer Mietwohnung in Berlin-Schöneberg richtete sich GOLDSTEIN ein Laboratorium ein, wo er bis 1927 mit einem Laboranten unermüdlich experimentierte, den knappen Etat aus eigener Tasche vergrößernd. Zeitgenossen lobten GOLDSTEINS Fähigkeit, mit sehr einfachen Geräten wertvolle Entdeckungen zu machen. Eugen GOLDSTEIN arbeitete vor allem auf dem Gebiet der elektrischen Strahlung und Spektralanalyse. Dabei hat er wichtige Grundlagen für die spätere Entwicklung der Atom- und Kernphysik geliefert. GOLDSTEIN ist der Entdecker der Kanalstrahlen (1886), die aus der Rückseite einer durchbohrten Kathode austreten. Die Ablenkung der Kanalstrahlen in elektrischen und magnetischen Feldern führte zur Entdeckung der Isotope und zur Entwicklung der Massenspektrometer. Die elektrische Ablenkung der Kathodenstrahlen – die Bezeichnung »Kathode« stammt von GOLDSTEIN – ermöglicht, daß auf dem Bildschirm ein Fernsehbild entsteht.

Eugen CASPARY (1863–1931) war der Organisator des jüdischen Wohlfahrtswesens in Berlin. Die Wohlfahrtspflege war bis 1914 in Deutschland unbedeutend und wurde fast ausschließlich ehrenamtlich ausgeführt. Dann aber wurde sie durch den Einsatz geschulter Kräfte besonders in den Großgemeinden ein Bestandteil der Kommunalverwaltung. 1917 gründete CASPARY die Zentralwohlfahrtsstelle der deutschen Juden, in der die Landes- und Provinzialverbände zusammengeschlossen waren. Er leitete sie bis 1926.

Lesser URY (1861–1931), Maler und Graphiker. Nach der Lehrzeit in einer Berliner Konfektionsfirma verließ URY mit siebzehn Jahren Beruf und Stadt, studierte in Düsseldorf, Brüssel und Paris Malerei und kehrte 1887 nach Berlin zurück, wo er Mitglied der Berliner Sezession wurde. URY lebte dreißig Jahre wie ein

Einsiedler in seinem Atelier am Nollendorf-
platz. 1921 ernannte ihn die Berliner Sezession
zum Ehrenmitglied. (»Ein Künstler, der sein
Leben lang ohne Rücksichten auf Modeströ-
mungen und Tageserfolge unbeirrt seinen eigenen Weg geht, ist uns ein Vorbild.«) Dennoch blieb gültig, was URY über sich für »Das
geistige Berlin«, ein Künstler- und Gelehrten-
lexikon, schrieb: »Ich ... habe viele Feinde und
wenig Freunde.« Lesser URY gehört mit seinen Landschaften, Großstadtbildern und Still-
leben zu den Wegbereitern und Meistern des
deutschen Impressionismus. Die neuen Lichter
der Großstadt, die Autoscheinwerfer, die be-
weglichen Reklamen elektrisierten seine Kunst,
in der auch die Schatten farbig vibrieren. URY
malte gegen Ende des Jahrhunderts Monu-
mentalbilder mit biblischen Themen (»Jerusalem«, »Der Mensch«) und ist auch für seine Por-
träts und Interieurs berühmt. Über die Hälfte
seines Œuvres wurde in der Nazizeit zerstört.

Lesser Ury

Leo BAECK (1873–1956), Rabbiner. Er amtierte
seit 1912 in Berlin und war Präsident der im
Herbst 1933 gegründeten Reichsvertretung der
deutschen Juden. BAECK lehrte an der Hochschule für die Wissenschaft des Judentums und
schrieb u. a. »Wesen des Judentums« (1905),
»Wege im Judentum« (1933), »Dieses Volk«
(1954). Er war der angesehenste Repräsentant
und geistiger Führer der verfolgten deutschen
Juden. Am 28. Januar 1943 wurde er verhaftet
und kam in das Konzentrationslager Theresienstadt, wo er die Befreiung durch die Sowjet-
armee erlebte. Nach dem Kriege ging Leo
BAECK nach London, wo er 1956 starb und begraben liegt. Die Inschrift auf dem Grab seiner Frau Natalie (1878–1937) erinnert an sein
Wirken in Berlin. Das Leo-Baeck-Institut (Jerusalem / London / New York) dient der Erforschung und Veröffentlichung von Material
über die Geschichte des deutschen Judentums.

Simon BERNFELD (1860–1940), Großrabbiner,
jüdischer Gelehrter und neuhebräischer Schriftsteller. Er studierte an der Berliner Hochschule für die Wissenschaft des Judentums
und ging 1886 als Großrabbiner nach Belgrad.
Seit 1894 lebte er in Berlin. Von 1913 bis
1923 war er Redakteur des Berliner Jüdischen
Gemeindeblattes und gab zusammen mit Leo
Baeck und Ismar Elbogen »Die Lehren des
Judentums« heraus. Als seine Hauptwerke in
deutscher Sprache gelten »Juden und Judentum im 19. Jahrhundert« (1898), »Die jüdische Literatur« (1921) und die Bibelüber-
setzung (1927). In Hebräisch erschien in vier
Bänden »Buch der Tränen« (1924–1926), eine
Quellensammlung über Judenverfolgungen.
BERNFELDS Sohn Immanuel wurde 1941 im
Konzentrationslager Mauthausen ermordet.
Seine Asche ist im Grab der Eltern beigesetzt.

Leo GOLLANIN (1872–1948). Er lebte seit 1894
in Berlin als Konzertsänger und wurde 1924
Oberkantor der Synagoge Oranienburger
Straße. »Er war ein gefeierter Chasan (Kantor) der Berliner Gemeinde und hervorragender Lehrer einer Kantoren-Generation« (Riesenburger).

Lothar BRIEGER (1879–1949), Kunsthistoriker und Schriftsteller. Er lehrte Kunstgeschichte und verfaßte u. a. »Altmeister der deutschen Malerei« (1913) und Einzeldarstellungen über Graphik, Aquarell und Pastell.

Louise SALINGE (1872–1954). Ihre Grabinschrift erläutert ihr Wirken: »Oberin des Krankenhauses der Jüdischen Gemeinde zu Berlin«.

Begrabe dein eigenes Leben
In anderer Herz hinein,
So wirst du, ob auch ein Toter,
Ein ewig Lebender sein!

*Grabinschrift auf dem Friedhof
Herbert-Baum-Straße*

Der weiträumig angelegte Friedhof ermöglicht Rundgänge zu bemerkenswerten Grabstellen. Einige solcher Wege seien hier empfohlen.

Wer am Ende der Ehrenreihe A 1 neben dem Grabe RIESENBURGERS in den Weg zwischen den Feldern A 1 und D 1 einbiegt, findet als erstes Grab der Reihe 2 von A 1 (die Ehrenreihe zählt nicht mit) das von Isidor KASTAN (1840–1931). Nach kurzer Wirksamkeit als Arzt wurde er Journalist, betätigte sich literarisch und leitete im »Berliner Tageblatt« die Innenpolitik. KASTAN gehört zu den Anregern des Central-Vereins deutscher Staatsbürger jüdischen Glaubens, der 1893 zur Verteidigung der bürgerlichen Rechte der Juden gegründet worden war. KASTANS Name bleibt mit einem Theaterskandal verbunden, der sich am 20. Oktober 1889 mittags im Lessingtheater zutrug, als der Verein Freie Bühne das Drama des unbekannten Gerhart Hauptmann »Vor Sonnenaufgang« uraufführte. Schon vorher war die Buchausgabe erschienen. Die Unruhe, die das naturalistische Stück im Publikum auslöste, erreichte im fünften Akt ihren Höhepunkt. Als auf der Bühne nach einer Hebamme gerufen wurde, holte im Parkett Dr. KASTAN eine mitgebrachte Geburtszange heraus und schwenkte sie über seinem Kopf. Auf die Bühne geworfen – wie Anekdoten behaupten – hat er sie

nicht. »Rasender Tumult erhob sich«, berichten Augenzeugen. Der Verein Freie Bühne schloß KASTAN aus, mußte ihn aber durch Gerichtsbeschluß wieder aufnehmen, als er klagte. Nun gab er von sich aus die Mitgliedschaft zurück und bat, als man ihm daraufhin den Eintrittsbetrag erstatten wollte, man möge das Geld einem Verein zur Besserung von Gewohnheitstrinkern überweisen; damit spielte KASTAN auf das Drama an. – Als Kenner der Hauptstadt veröffentlichte Isidor KASTAN seine Erinnerungen »Berlin wie es war« (1919) und »Kastans Panoptikum« (1924), dessen Titel an das damals weit über Berlin hinaus bekannte Wachsfigurenkabinett von F. Castan erinnern sollte.

Im ersten Grab der Reihe 4 von A 1 liegt Ludwig HOLLÄNDER (1877–1936), der als Jurist, Redner und Journalist um die soziale und ideelle Anerkennung der deutschen Juden bemüht war. Seit 1900 wurde er führend im Central-Verein deutscher Staatsbürger jüdischen Glaubens tätig, dessen Direktor er von 1908 bis 1933 war. HOLLÄNDER gründete 1919 den Philo-Verlag, der in zwanzig Jahren über hundert Bücher veröffentlichte, darunter das »Philo-Lexikon, Handbuch jüdischen Wissens« und den »Philo-Atlas, Handbuch für die jüdische Auswanderung«, das letzte jüdische Buch, das in Deutschland erschien (8. 11. 1938). Unmittelbar nach der »Kristallnacht« wurde der Philo-Verlag von der Gestapo geschlossen.

Die erste Grabstätte der Reihe 10 ist die des Pädagogen Hermann FALKENBERG (1869 bis 1937). Ursprünglich an der Mädchen- und Knabenmittelschule der Jüdischen Gemeinde Berlin tätig, führte er als Seminaroberlehrer im Ruhestand fünf Kleingemeinden im Norden Berlins zusammen und gründete die liberale Hermann-Falkenberg-Synagoge. Hier gab er Rabbinatskandidaten Gelegenheit zu Übungspredigten und schuf gleichzeitig für diese Synagoge eine eindrucksvolle Liturgie.

Am Anfang der Reihe 10, am Wegrand bestattet, liegt Theodor WOLFF (1868–1943). Er schrieb seit 1894 für das »Berliner Tageblatt«, das er seit 1906 als Chefredakteur leitete. Zuvor war er zwölf Jahre lang Pariser Korrespondent der Zeitung gewesen (»Pariser Tagebuch«, 1908) und hatte dort gemeinsam mit Émile Zola und Anatole France um die Rehabilitierung des unschuldigen Dreyfus gekämpft. Theodor WOLFF, dessen TW gezeichnete Leitartikel international beachtet wurden, ist einer der ganz großen Journalisten der Weimarer Zeit. Am Tage nach der Machtergreifung Hitlers schrieb er einen Leitartikel (»Es ist erreicht«) gegen die neue Diktatur und erwähnte den Widerstand, der im Volk erwachsen würde. In der Nacht des Reichstagsbrandes gelang ihm die Flucht. Im Mai 1933 brannten WOLFFS Schriften auf dem Scheiterhaufen mit der Begründung: »Gegen volksfremden Journalismus demokratisch-jüdischer Prägung ...« – WOLFF hat Romane geschrieben und Theaterstücke, die Max Reinhardt in Berlin erfolgreich aufführte. Seine publizistischen Bücher (z. B. »Der Krieg des Pontius Pilatus«, Zürich 1934) verdienen auch wegen ihrer hervorragenden Sprachkunst Beachtung. Als Mitglied des Vereins Freie Bühne trug WOLFF entscheidend dazu bei, daß sich der Naturalismus mit Ibsen, Strindberg und Hauptmann in Deutschland durchsetzte. Er hat auch als liberaler Politiker seine Verdienste. 1943 wurde Theodor WOLFF in Nizza verhaftet und der Gestapo übergeben, die den 75-jährigen monatelang durch Gefängnisse und Konzentrationslager bis nach Sachsenhausen schleppte. Von dort kam der Mann, der »fast 27 Jahre lang so etwas wie eine hauptstädtische Institution gewesen war« (Köhler), sterbend wieder nach Berlin, wo er nach drei Tagen im Jüdischen Krankenhaus verschied.

In der Reihe 17 liegt, etwas versteckt, das Grab des Historikers Siegfried ISAACSOHN (1845 bis 1882), eines Schülers von Ranke, Mommsen, Jaffé und Droysen. Sein Hauptwerk bildete die »Geschichte des preussischen Beamtentums« (3 Bde., 1874, 1878 und 1884, Nachdruck 1962).

Weit über Berlin hinaus bekannt war das Sternsche Konservatorium als Ausbildungsstätte für Musiker. Das Grab seines Gründers, des Musikpädagogen und königlichen Musikdirektors Professor Julius STERN (1820–1883), finden wir am Anfang der Reihe 22.

In Reihe 28 ist vorn als erster Eduard JACOBSOHN (1833–1897) begraben. Er promovierte in Berlin zum Dr. med., übte aber seinen Beruf nicht aus, weil er schon während des Studiums großen Erfolg als Possendichter hatte. 1856 war sein erstes Stück (»Bei Wasser und Brot«) in Krolls Etablissement uraufgeführt worden. JACOBSOHN ist der Verfasser von »Meine Tante, deine Tante« und »500 000 Taler«, das in Berlin mehr als dreihundert Aufführungen erlebte. Über hundert seiner Gesangspossen füllten zwischen 1860 und 1890 die Spielpläne der Berliner Privattheater. Neben David Kalisch ist Eduard JACOBSOHN der wichtigste Vertreter der Berliner Lokalposse jener Zeit. Bis heute leben Berliner Redewendungen aus seinen Stücken, darunter »Bangemachen gilt nicht« und »Immer rin ins Vergnügen«.

Im Feld D 1 liegt im ersten Grab der Reihe 11 von A 1 aus der Journalist Leo KREINDLER (1886–1942). Er redigierte von 1925 bis 1938 den Berliner Teil des »Israelitischen Familienblattes« sowie das Gemeindeblatt der Jüdischen Gemeinde Berlin und zuletzt bis zu seinem Tode das »Jüdische Nachrichtenblatt«.

Wer vom Rondell aus zwischen B 1 und E 1 entlanggeht, findet als fünftes Grab in der Reihe 18 von E 1 einen hellen, hohen Stein.
Hier liegt Samuel BELLACHINI (1827–1885). Er hieß eigentlich Samuel Berlach und war der populärste Zauberkünstler im Deutschland des 19. Jahrhunderts. Als »Hofkünstler« steht er im Sterberegister. Man sagt ihm nach, er habe seinen Mangel an Fingerfertigkeit durch Humor ausgeglichen. Jochen Zmeck schreibt (1978) über seinen Kollegen BELLACHINI »Hunderte von Magiern legten sich nach seinem Tode seinen Namen zu, und auf vielen Zauberbüchern erschien er ebenfalls. Er war ein Volkskünstler schlechthin. Zwar beherrschte er die deutsche Sprache nur unvollkommen,

Samuel Bellachini

doch hatte er dafür eine gehörige Portion Mutterwitz und würzte seine Vorstellungen mit derben Späßen. An Zauberapparaten besaß er immer das Neueste und Beste.«

In der Reihe 5 des Feldes F 1 finden wir die Doppelgrabstätte, in der Meyer SPANIER (1867 bis 1942) nach seinem Freitod, den er vor der drohenden Deportation gesucht hatte, bestattet worden ist. SPANIER, von 1900 bis 1911 Leiter des jüdischen Lehrerseminars in Münster/Westfalen und danach der Jüdischen Mädchenmittelschule Berlin gehörte zum Dichterkreis um Detlef Liliencron.

Schwerer zugänglich liegt in der Reihe 18 im Feld H 1 (von L 1 aus als 15. Grab) der Schriftsteller Robert LINDERER (1824–1886). Er war seit 1866 Mitinhaber der Frankeschen Theateragentur in Berlin und gab die »Neue Schau-

bühne« heraus. LINDERER schrieb zahlreiche humoristische Stücke, darunter das Singspiel »Unsere Marine« (1886). Das darin enthaltene Flaggenlied »Stolz weht die Fahne schwarz-weiß-rot auf unsres Schiffes Mast« errang lange nach dem Tode des Verfassers (Musik von E. F. R. Thiele) nationalistische Popularität, die besonders in beiden Weltkriegen genutzt wurde. – LINDERERS jüngerer Bruder Eduard LINDERER (1837–1915) liegt in Feld N 2 begraben. Er war ebenfalls Schriftsteller, schrieb »Im Reich der Komik« (1871–1876) und andere satirisch-humoristische Schriften.

In M 1 am Weg zu I 1 treffen wir auf das Erbbegräbnis, in dem Louis LEWIN (1850–1929) bestattet worden ist. LEWIN entstammte einem sehr einfachen Milieu. Der Vater war Schuster. Die Familie, die erst 1856 nach Berlin gekommen war, lebte hier in der Grenadierstraße, inmitten des Scheunenviertels. Zu Hause wurde nur jiddisch gesprochen. Dank unermüdlichem Fleiß gelang es dem jungen Louis, das für ein Medizinstudium notwendige Wissen zu erwerben und bereits mit vierundzwanzig Jahren zum Dr. med. zu promovieren. Nachdem er lange Jahre bei Pettenkofer gearbeitet und bereits Weltruhm erlangt hatte, wurde er 1893 zum Professor berufen. LEWIN schrieb mehr als ein Dutzend Fachbücher über sein Spezialgebiet, die Toxikologie. Davon sind die bekanntesten »Die Gifte in der Weltgeschichte« (1920) und sein zwölfbändiges »Lehrbuch der Toxikologie« (1928). Er erforschte die Rauschgifte, die Blei- und Kohlenmonoxidvergiftungen in Betrieben sowie die Nebenwirkungen von Arzneimitteln und erarbeitete eine systematische Beschreibung von Giftpflanzen. LEWIN war auch politisch und gesellschaftlich engagiert. Er hatte Verbindungen zu August Bebel und Rosa Luxemburg, setzte sich für verbesserte Arbeitsbedingungen vor allem in Betrieben der chemischen Industrie ein und lehnte jede Nutzung toxikologischer und chemischer Erkenntnisse für militärische Zwecke ab. Während vieler Jahre war LEWIN auch Mitglied der Repräsentantenversammlung der Jüdischen Gemeinde Berlin.

Louis Lewin

An der Friedhofsmauer, der Abteilung M 1 gegenüber, befindet sich das Erbbegräbnis des Verlegers Rudolf MOSSE (1843–1920). Er begann als Anzeigenwerber und eröffnete mit vierundzwanzig Jahren die »Annoncen-Expedition Rudolf Mosse«, damals die erste Einrichtung dieser Art, deren Erfolg es ihm ermöglichte, eine eigene Zeitung zu gründen. MOSSE gehört zu den ersten »rein kapitalistischen Verlegern, deren Gründungen nicht von einer politischen Überzeugung oder verlegerischer Absicht, sondern ausschließlich vom nüchternen kaufmännischen Profitinteresse bestimmt waren« (Annemarie Lange). Ab 1. Januar 1872 erschien das »Berliner Tageblatt«, eine bürgerlich-liberale Zeitung von hohem journalistischem Niveau. Der einflußreiche Wirtschaftsteil, das von namhaften Autoren gespeiste Feuilleton und der speziell auf die Hauptstadt des 1871 gegründeten Deutschen

Reiches bezogene Charakter machten das »Berliner Tageblatt« zu einer angesehenen Zeitung, die sehr bald dreizehnmal wöchentlich erschien. Mancher Mitarbeiter des »Berliner Tageblattes« liegt auf diesem Friedhof begraben. – MOSSE besaß außerdem eine vielseitige Verlagsbuchhandlung, druckte die gewinnbringenden Adreß- und Telefonbücher, viele Fachzeitschriften und vertrieb den »Rudolf-Mosse-Code« für den internationalen telegraphischen Handelsverkehr. 1889 übernahm der Verlag die »Berliner Morgenzeitung«, später die »Berliner Volks-Zeitung« (1904) und das »8-Uhr-Abendblatt«. Nicht vergessen sei, daß Rudolf MOSSE in seinem Geburtsort Grätz ein Krankenhaus finanzierte und in Berlin ein Waisenhaus stiftete und unterhielt, in dem über hundert Kinder erzogen werden konnten. Kurz nach Hitlers Machtergreifung wurde der Mosse-Verlag enteignet.

Wandgräber in Abteilung M I

Rudolf Mosse – Entwurf

EMILIE MOSSE
GEB. LOEWENSTEIN

GEB. 23. DEZ. 1851
GEST. 12. OKT. 1924.

RUDOLF MOSSE

GEB. 8. MAI 1843
GEST. 8. SEPT. 1920.

ULRIKE
MOSSE
GEB. WOLFF

GEB. 3. APRIL 1813
GEST. 13. FEBRUAR 1888.

Wolfgang
MOSSE

geb. am 22. Jan 1840
gest. 30. Sept. 1885.

Rudolf Mosse – Detail

Das Mausoleum MOSSES, ein neuklassizistischer Bau aus rotem poliertem Granit, folgt dem Pronaos-Typ: Die Front ist von Pfeilern begrenzt, zwischen ihnen stehen Säulen. Der sehr häufig auftretende Typ erhält hier eine hochrepräsentative Note durch die reiche Bronzeausstattung, von der heute nur noch Reste vorhanden sind. Unsere Abbildung, die einem Katalog der bauausführenden Firma entnommen ist, zeigt diesen Reichtum in seinem ganzen ursprünglichen Ausmaß.

An der Ecke M 1/I 1 befindet sich die Grabstätte Moritz ISRAEL (1830–1895), die auch schon unter den viel zahlreicheren Beispielen aus Schmiedeeisen als besonders prachtvoll wegen der Fülle des floralen Ornaments aufgefallen sein dürfte. Sie ist umgeben von einem schwelgerisch mit Blumen- und Rankenwerk verzierten Gitter, das in der rundbogig erhöhten Mitte der Rückwand die Form einer einzigartig üppigen Arabeske erhalten hat.

Gegenüber, nur wenige Schritte von seinem Verleger entfernt, liegt an der Ecke J 1/M 1 Siegmund HABER, der Schriftsteller und Humorist. Er war ursprünglich Geschäftsreisender und Handlungsgehilfe und kam 1870 nach Berlin. 1872 engagierte ihn Mosse bei der Gründung des »Berliner Tageblattes« für die humoristische Donnerstagsbeilage »Ulk«. Das daraus entstandene politisch-satirische, lokalhumorvolle Berliner Witzblatt ist HABERS Schöpfung. Er lieferte als Chefredakteur den Textteil zumeist selbst und fing die Atmosphäre des zur Weltstadt wachsenden Berlin ein, verwendete, wie einst Glaßbrenner, die Sprache des Volkes literarisch und schuf populäre Figuren, den Eckensteher Nunne und die Konfektionsmamsell Paula Erbswurst. HABER veröffentlichte neun Bücher und war nach seinem Tode schnell vergessen. »Ulk« bestand weiter und erschien 1919 zeitweise unter der Leitung von Kurt Tucholsky, dessen Vater auf diesem Friedhof begraben liegt. Der Weg dorthin führt an der Mauer entlang zum Feld T 2.

In der Westecke des Friedhofs, an der Abteilung C 1, treffen wir auf das Erbbegräbnis MICHAELIS. Es wurde von August Orth geschaffen. Im Winkel der beiden langen Reihen von historisierenden Wandgrabmalen an der Nordwest- und der Südwestmauer erhebt es sich als ein zentralisierender offener Bau auf sechzehn korinthischen Säulen, bekrönt über seiner Mitte von einer achteckigen, oben geöffneten Kuppel mit einem in halbrunde Bögen aufgelösten Tambour – ein Bau, in dessen gesamtem Gefüge wie auch Details die italienische Hochrenaissance eine einfühlsame Nachbildung erfahren hat.

Im Feld B 1 liegt in der letzten Reihe (22) im zweiten Grab Eugen WOLBE (1873–1938), der berühmte Autographensammler. Er wirkte seit 1904 als Gymnasialoberlehrer in Berlin. Unter seinen Büchern ist die »Geschichte der Juden in Berlin und in der Mark Brandenburg« (1937) besonders wertvoll.

Am Weg, gegenüber der Grenzmauer, ist in B 1 das Grabmal Israel BAER (1824–1905) erwähnenswert. Zusammen mit einigen anderen Grabmalen aus dem ersten Jahrzehnt des 20. Jahrhunderts vertritt es einen eigentümlichen, wegen der hohen Rückwand und den seitlichen, konvex geschwungenen Lehnen einem Thronsessel vergleichbaren Typ. Charakteristisch für den floralen Dekor im Sezessionsstil sind die kugelig zugeschnittenen Buketts aus Kupferblech – gleichsam Knäufe – über den Lehnen.

»Viele ungepflegte Hügel auf unserem Friedhof künden heute der Nachwelt, daß von diesen Menschen kein Angehöriger mehr am Leben ist«, schreibt Martin Riesenburger in »Das Licht verlöschte nicht«. »Niemals aber darf von

Moritz Israel

106

diesen Hügeln geschwiegen werden ... Tag für Tag wurden zahlreiche Menschen auf dem Friedhof eingeliefert, die, innerlich zermürbt, den Freitod den entsetzlichen Qualen, Folterungen und Mißhandlungen vorzogen.«

Allein in den Jahren 1941–1943 hatte Martin Riesenburger mit wenigen Helfern 1207 durch Freitod Verstorbene zu begraben. Sie liegen hauptsächlich in diesem Teil des Friedhofes. »An vielen dieser offenen Gräber habe ich gesprochen, auch geweint und viel nachgedacht.«

Am 23. März 1943 wurde hier Martha LIEBERMANN begraben, die 85jährig ihrem Leben ein Ende setzte, als sie deportiert werden sollte. Erst nach Kriegsende konnte sie auf den Friedhof Schönhauser Allee an die Seite ihres Mannes umgebettet werden. »Ich möchte nicht unerwähnt lassen«, schreibt Riesenburger, »daß jeder Jude, der bis zur Stunde der Befreiung starb, genau nach Vorschrift unserer jüdischen Religion beerdigt wurde.«

Links an der Mauer gegenüber der Abteilung A 1 ist ein weiterer Ehrenbürger der Stadt Berlin (1915) bestattet, der Mediziner Ferdinand STRASSMANN (1858–1931). Er war Gynäkologe, Universitätsprofessor und Geheimer Sanitätsrat und leitete seit 1915 als Stadtmedizinalrat das Berliner Gesundheitswesen. STRASSMANN war, so heißt es im Nachruf der »Vossischen Zeitung«, »einer der Begründer der großen Ärzte- und Gelehrtendynastie gleichen Namens, zu der vor allem noch der Professor der gerichtlichen Medizin Fritz Straß-

Michaelis

Israel Baer   *Thorarollengrab*

mann und der Gynäkologe Paul Straßmann gehören. Im Tode vorausgegangen sind ihm drei Brüder, die wie er Ärzte waren und von denen Wolfgang (1820–1885) viele Jahre hindurch Stadtverordnetenvorsteher von Berlin gewesen ist.« Die Benennung der Straßmannstraße im Stadtbezirk Friedrichshain, zwischen 1887 und 1898 erfolgt, ehrte einen dieser Straßmanns oder alle.

Einige Schritte weiter befindet sich die Grabstätte für Manfred Cahn (1854–1903). Das Außergewöhnliche an ihr ist ein phantasievoll ägyptisierender Stil, massig und düster durch die ausschließliche Verwendung von schwarzem poliertem Granit – dies alles inmitten der langen Reihe von hellen sandsteinernen Grabmalen nach Renaissance-Art; außergewöhnlich ist besonders aber das Medaillon mit dem Bildnis des Verstorbenen, das, wie an den noch er-

haltenen Scharnieren zu erkennen ist, einen Deckel hatte, mit dem es verschlossen werden konnte.

Am Ende des Weges erläutert rechts eine Grabinschrift, daß hier beschädigte Thorarollen beerdigt sind. Wie es dazu kam, schildert der damalige Leiter der Friedhofsverwaltung, Landgerichtsdirektor a. D. Arthur Brass. In der Münchener Straße Nr. 37 in Berlin-Schöneberg, wo während des Pogroms im November 1938 die Synagoge nicht verbrannt war, »sollte ein Museum eröffnet werden, in dem man der Bevölkerung in provokatorischer Weise Kultusgut der Juden und Objekte der Freimaurer zeigen wollte«. Brass erfuhr im Frühjahr 1943, daß im früheren Krankenheim der Gemeinde Adass Jisroel in der Elsässer Straße 85, dem Sitz des Oberfinanzpräsidenten, 583 Thorarollen und anderes Kultusmaterial gelagert wor-

Wandgräber der Abteilungen A I-B I-C I

den waren. Die meisten stammten aus den aufgelösten jüdischen Gemeinden in Preußen.

Zwei Gemeindemitglieder, Selmar Neumann und Willi Schweig, organisierten den sofortigen Transport. Stunden später trafen zwei voll beladene Lastwagen mit den Thorarollen am Friedhofstor ein. »Durchgeführt wurde dieser Transport durch den Spediteur Scheffler, der aus christlicher Gesinnung dafür keine Zahlung entgegennahm. Dem inzwischen verstorbenen Mann gebührt unser besonderer Dank. Das um so mehr, als Scheffler befürchten mußte, daß die Übernahme des Transportes durch einen der NS-Bewegung besonders ergebenen Betriebsangehörigen der Gestapo verraten werden konnte.«

Die 583 Thorarollen wurden im Gebäude rechts von der Neuen Halle und auf der Empore der Neuen Halle verwahrt; weit entfernt vom Friedhofseingang. Das erschien angebracht, weil zu jener Zeit alle Beerdigungen von der Halle am Eingang Lothringenstraße aus stattfanden.

Arthur Brass erzählt: »Man muß sich die damalige Lage in Erinnerung rufen. Wir standen inmitten der Deportationen, die täglich jeden von uns erfassen konnten, also auf Abruf. Ständig waren wir den terroristischen Bedrängnissen der Gestapo ausgesetzt. Dazu kamen die Bombenangriffe auf Berlin … Die Liquidation unserer Gemeinschaft erschütterte uns tief. Neben den Beerdigungsaufgaben hatten wir die Pflicht, das heilige Gut vor Profanierung durch die NS-Schergen zu bewahren. Das hätte nach unserem Religionsgesetz durch Beisetzung der Thorarollen in der jüdischen Erde des Friedhofes geschehen können. Einmal der Erde übergeben, wäre es verboten gewesen – wir Juden gestatten bekanntlich nicht die Exhumierung –, die Thorarollen jemals wieder auszugraben

Sigmund Aschrott

und sie ihrer Bestimmung in Synagogen wieder zuzuführen. Bewußt haben wir uns damals nicht zur Beerdigung der Thorarollen entschlossen, sondern ihre schützende Aufbewahrung für eine von uns erwartete Zeit der Sicherheit der Juden in diesem Lande gewählt. Das war der schwere, von großer Verantwortung getragene Weg. Ich war überzeugt, daß die NS-Gewaltherrschaft ihrem Ende entgegengehe.«

Als bei einem Bombenangriff im Sommer 1943 die Neue Halle Schaden nahm, erschien es notwendig, »nach sachkundiger Prüfung diejenigen Thorarollen auszuscheiden, die Brand- oder sonstige Schäden erlitten hatten«. Ein jüdischer Lehrer sah die Rollen durch. »Ihm halfen einige jüdische Jungen in fleißigem Einsatz. Nach Trennung der beschädigten Thorarollen

– es waren etwa 90 – wurden ... die einwandfrei gebliebenen Rollen zu den Gebäuden im Eingang Lothringenstraße gebracht« und dort im großen Keller unter der Blumenhalle auf einem dafür hergestellten Holzgerüst gelagert. »Und dort erlebten diese unbeschädigten Thorarollen das Ende der NS-Gewaltherrschaft und den Einmarsch der sowjetischen Truppen.«

Diese rund fünfhundert geretteten Thorarollen »gingen an die wiedereröffneten Synagogen in Berlin und in Gemeinden in der Bundesrepublik und anderen Ländern Europas«. Damit endet der bislang nur in Zeitungen veröffentlichte Augenzeugenbericht des damaligen Leiters der Friedhofsverwaltung.

Ein anderer Rundgang kann bei K 1 am Rondell beginnen. Er führt genau in Richtung des Ehrenfeldes. Am Ende von C 2 steht der Betrachter vor einem Monument, das unter den vielen aufwendigen Mausoleen weit und breit wahrscheinlich das kostspieligste sein dürfte. Sigmund Aschrott (1826–1915) ließ es zunächst für seine Gattin Anna errichten. Aschrott war Königlich-Preußischer Geheimer Kommerzienrat und beauftragte mit dem Entwurf für sein Grabmal Bruno Schmitz, den Erbauer des Völkerschlachtdenkmals in Leipzig. Das Mausoleum ist über trapezförmigem Grundriß mit leicht zum Rondell hin ausschwingender Vorderseite errichtet. Den schweren Unterbau schließt ein sehr breiter Architrav ab, der einen zur Mitte eingerückten und auf Pfeilergruppen gestellten Turmhelm trägt. Diesen Helm, der einer Pyramide ähnelt, zieren ein Band mit durchbrochenem und als Oberlicht dienendem Davidstern und eine orientalisch geformte Haube. Ein konkretes Vorbild für diesen auf den ersten Blick fremdartigen Bau gibt es nicht. Europäisches klingt kaum an, eher Orientalisches – Ägyptisches vor allem – durch den Geschmack am Kolossalen. Was zu allem Fragwürdigen aber bedrückend deutlich wird, ist die Unvereinbarkeit der wirklichen Größe des Denkmals mit der Beschaffenheit seiner materiellen Erscheinung: Dem roten geschliffenen und polierten Granit, aus dem es von unten bis zur Spitze gemacht ist, hätten kleinere Maße viel mehr entsprochen, um das Kostspielige zum eigentlich Kostbaren zu machen. So aber stehen wir verständnislos vor einem düster glänzenden, unheimlich spiegelnden Koloß. Bruno Schmitz starb ein Jahr nach Aschrott und ließ seine Asche in den Rhein streuen.

Das Mausoleum Aschrott wurde im zweiten Weltkrieg schwer beschädigt und ist heute durch Balken vor dem Einsturz gesichert.

Das Grabmal für Theodor Leberecht David (1852–1898), das an der Ecke von I 2 zu H 2 und K 2 steht, ist eine hochansteigende dreiteilige Architekturkulisse in den Formen der Renaissance und des Rokoko – unter den historisierenden Beispielen trotz der Konglomerate vielleicht eines der anmutigsten Grabmale, zu welchem Eindruck nicht zuletzt die einfassende Balusterschranke beiträgt.

Zu den interessantesten Erbbegräbnissen dieses Friedhofs zählt ohne Zweifel das der Familie Salinger-Daniel in K 2 am Rondell zu I 2 und N 2. Es ist ganz aus Sandstein. Das Prachtstück dieses Grabmals, das zu den dekorativ bedeutsamsten Beispielen des romanisierenden Stils gehört, ist das rundbogige Tympanon. Nicht nur, daß es von ornamentierten, auf Säulen aufsteigenden Archivolten umrahmt wird, auch das Feld selber wird völlig ausgefüllt von den Blüten und Blättern eines Rosenstrauches. Hier mischt sich Historisches mit Elementen des Jugendstils. Von derselben eigenartigen Mischform ist auch die Schrift mit den Familiennamen, die vieles mit der Kalligraphie auf dem Grabmal des Benjamin Liebermann auf dem Friedhof in der Schönhauser Allee gemeinsam hat. Die Blendarkade unter dem Tympanon setzt sich als geöffnete dreiachsige Arkade in den Seitenteilen fort, während deren Stirnseiten mit typischen Flechtbandmustern der Romanik geschmückt sind.

Von Friedrich Blau wurde das Grabmal für den Dresdener Bankdirektor Georg Wilhelm Arnstaedt (1844–1911) in S 2 am Rondell zu N 2 und R 2 gestaltet. Unter den Grabmalen, die aus Säulenreihen errichtet sind, gehört es wohl zu den aufwendigsten, nimmt es doch fast eine ganze Seite des achteckigen Rondells für sich in Anspruch. Seine Mitte besteht aus einem von einer Flachkuppel überdeckten und von dorischen Säulen getragenen Bau über ovalem Grundriß. An ihn schließen sich beiderseits symmetrisch Säulenreihen an. Von den ursprünglich auf dem Architrav aufgestellten Urnen aus Kupferblech sind nur noch Spuren sichtbar.

Das dritte bemerkenswerte Grabmal an diesem Rondell ist das für Rosalie Baszynski (1854 bis 1905) in der Abteilung R 2. Es vertritt, wie das schon besprochene Grabmal Baer auf dem

Theodor Leberecht David

Feld B 1, den Thronsessel-Typ. Aber anstelle der Schrifttafeln dort ist hier in die Nische der Rückwand ein Relief aus Kupferblech eingelassen, dessen Darstellungen ganz offensichtlich auf den in der Kunst dieser Zeit allgemein herrschenden Natursymbolismus ausgerichtet sind. Wir finden hier nicht nur das in der Grabmalkunst gebräuchliche Motiv des Palmzweiges und der Gesetzestafeln, sondern auch Berge, darunter zweifellos den Sinai, und in der Mitte die von züngelnden Strahlen umkränzte Sonne und über ihr dramatisch zerfetzte Wolkenformationen ... Jugendstilmotive aus dem ersten Jahrzehnt unseres Jahrhunderts. Das Relief kehrt wörtlich wieder auf dem Grabmal A. Harrison (dort abgebildet).

In der Abteilung S 2 ist in dem Erbbegräbnis 1061 der sozialpolitische Schriftsteller Paul NATHAN (1857–1927) bestattet. Er war Philanthrop und leitete fast zwanzig Jahre lang zusammen mit Theodor Barth die Wochenschrift für Politik, Volkswirtschaft und Literatur »Die Nation«. NATHAN betätigte sich aktiv im Kampf gegen den Antisemitismus und gab 1894–1898 die Schriften von Ludwig Bamberger (1823 bis 1899) in fünf Bänden heraus. 1901 war Paul NATHAN Mitbegründer und bis zu seinem Tode stellvertretender Vorsitzender des Hilfsvereins der deutschen Juden, mit dem er 1921 das Hilfswerk für russische Juden organisierte. Im gleichen Jahr wurde er Mitglied der SPD.

In einem Erbbegräbnis der Abteilung X 2 gegenüber W 2 wurde der Jurist Jakob Friedrich BEHREND (1833–1907) bestattet. Er war von 1887 bis 1900 Reichsgerichtsrat in Leipzig, von 1873 bis 1887 in Greifswald sowie von 1884

Salinger-Daniel

Jolles – Ehrensaal

bis 1886 gleichfalls in Breslau Professor des bürgerlichen und des Handelsrechts. Sein »Lehrbuch des Handelsrechts« (1880–1896) blieb unvollendet.

Etwas schwer zugänglich liegen in der Abteilung X 2 die Gräber von Aron FRIEDMANN (Reihe 2) und Georg HUTH (Reihe 4). Der Oberkantor Aron FRIEDMANN (1855–1936) wirkte über vierzig Jahre lang als Kantor der Jüdischen Gemeinde in Berlin und wurde für seine hervorragenden Kompositionen zum Königlichen Musikdirektor ernannt. FRIEDMANN war Meisterschüler an der Akademie der Künste gewesen, auch darin seinem Lehrer Louis Lewandowski ähnlich, dem er in »Der synagogale Gesang« (1904) ein Denkmal setzte. Von diesem wertvollen, 1908 in zweiter, erweiterter Auflage erschienenen Buch FRIEDMANNS exi-

stiert in der DDR nur noch ein Exemplar der Originalausgabe. 1979 erschien das Werk als Reprint in Leipzig.

Georg HUTH (1867–1906), Linguist und Asiatologe, war der erste voll ausgebildete Tibetologe und Mongolist an einer deutschen Hochschule. Er studierte seit 1885 an der Berliner Universität und errang 1888 das Mendelssohn-Stipendium. 1897 reiste er im Auftrag der Petersburger Akademie nach Ostsibirien, um unter den Tungusenstämmen am Jenissej linguistische Studien anzustellen. Nach seiner Rückkehr arbeitete HUTH am Museum für Völkerkunde in Berlin; er schrieb die »Geschichte des Buddhismus in der Mongolei« (2 Bde., 1893 bis 1896).

Hermann Engel

Ein liberaler Rabbiner und Prediger der Reformgemeinde, Dr. Wilhelm KLEMPERER (1839 bis 1912), ist in einem Erbbegräbnis der Abteilung B 3 gegenüber von I 3 bestattet.

Das Grabmal JOLLES – EHRENSAAL aus dem zweiten Jahrzehnt unseres Jahrhunderts, auf Feld C 3, halten wir für das wohl sinnfälligste Beispiel des historisierenden Biedermeier, das nicht anders als das echte aus der ersten Hälfte des 19. Jahrhunderts ein Stil der Beschaulichkeit ist. Da stehen Schalen auf dem Sims, freundlich mit Rosen gefüllt; das breitovale Medaillon in der Mitte und die anderen Namenstafeln hängen wie Bilder an der Wand, ihre Inschriften sind nicht etwa gedruckt, sondern in einer gefälligen Schreibschrift gesetzt, und schließlich suggerieren die seitlichen Öffnungen, die man für Fenster oder Türen von

Vitrinen halten könnte, den Eindruck eines wohnlichen Zimmers. Wie diese Empfindungen verstanden sein wollen, macht uns der Vergleich mit einem typologisch verwandten, aber heroisiert kühlen und streng architektonisierten Grabmal bewußt, etwa dem von Garbaty-Rosenthal auf D 4.

Salli KIRSCHSTEIN (1869–1935) war Kaufmann, Wohltäter, Gründer und Leiter des »Jüdischen Volksvereins« in Berlin sowie ein bekannter Sammler jüdischer Kunst- und Kulturgegenstände. 1928 gab er die Anregung, die Kunstsammlung der Jüdischen Gemeinde Berlin zu einem jüdischen Museum zu erweitern, und forderte die Bildung eines jüdischen Museumsvereins. Ein besonderer Anziehungspunkt des 1933 eingeweihten Jüdischen Museums Berlin war eine Synagoge, deren Hauptstücke

Garbaty-Rosenthal

KIRSCHSTEIN aus Schönfließ in der Neumark nach Berlin hatte bringen lassen. Außer einer Reihe interessanter Aufsätze in jüdischen und anderen Zeitschriften stammt aus seiner Feder das Buch »Jüdische Graphiker aus der Zeit von 1625 bis 1825« (1919). Im ersten Weltkrieg förderte KIRSCHSTEIN die Gründung eines Hilfswerkes für die vom Kriegsausbruch in Deutschland überraschten ausländischen Juden. Bis zu seinem Tode gehörte er dem Kuratorium des Gesamtarchivs der deutschen Juden an. Sein Grab ist das zweite von C 3 aus in der Reihe 7 der Abteilung H 3.

Links hinter dem Gelände der durch Fliegerbomben zerstörten und später abgetragenen Neuen Trauerhalle ist nur wenige Schritte von der Ecke D 4/E 4 entfernt am Anfang der dritten Reihe der Architekt Johann HOENIGER (1850–1913) bestattet. Er war seit 1881 Gemeinde-Baumeister und schuf die Hochschule für die Wissenschaft des Judentums in der Tu-

cholsky-Straße und nach eigenem Entwurf die Synagoge in der Rykestraße, den heutigen Friedenstempel der Jüdischen Gemeinde in der Hauptstadt der DDR.

Das Grabmal Hermann ENGEL (1838–1914) an der Nordostecke von D 4 ist eine Säulenreihe aus Sandstein auf dem recht ungewöhnlichen Grundriß zweier Halbkreise, die gegenüber der offenen Eingangsseite durch eine konkave Schwingung miteinander verbunden sind. Diese verleiht dem Bau eine rokokohaft zierliche und bewegte Note, wodurch er sich von den neuklassizistischen Säulenreihen abhebt.

In D 4, an der Ecke zu C 4 und M 4, liegt das Erbbegräbnis des Gründers der bekannten Zigarettenfabriken, Josef GARBATY-ROSENTHAL (1851–1939). Während er zunächst, wie schon sein Vater, Zigaretten in Hand- und Heimarbeit hergestellt hatte, errichtete GARBATY-ROSENTHAL 1890 einen Betrieb in gemieteten

116

Räumen, in dem er dann sechzig Handarbeiter beschäftigte. Seit der Jahrhundertwende wurde der Betrieb laufend erweitert und mechanisiert. Als er infolge der faschistischen Rassengesetzgebung zwangsverkauft und »arisiert« wurde, waren in ihm 1600 Arbeiter und Angestellte tätig. Die betrieblichen Sozialeinrichtungen waren in ihrer Zeit vorbildlich. Josef GARBATY-ROSENTHAL stiftete einen Lehrstuhl der Hochschule für die Wissenschaft des Judentums sowie die Synagoge des 2. Waisenhauses der Jüdischen Gemeinde Berlin in Pankow. Das Grabmal zeigt sich in einem nüchtern durchkomponierten Neuklassizismus; dorisch sind die gekoppelten Säulen im Mittelteil, den ein glattflächiger Giebel mit gestuftem Aufbau dahinter abschließt, und streng linear sind die zweiachsigen Pfeilerreihen seitlich, wegen der Ecksituation leicht abgewinkelt, mit hohen Wangen, die zur Mitte hin im Viertelkreis nach unten ausschwingen. Das Ganze macht einen sehr ernsten Eindruck.

Nicht ganz leicht zu finden ist die Grabstätte des Malers und Radierers Hugo KRAYN (1885 bis 1919) in der 12. Reihe der Abteilung C 4. KRAYN war ein Künstler, dessen Arbeiten bereits große Hoffnungen erweckt hatten, bevor er kurz nach dem Ende des ersten Weltkrieges einer Grippeepidemie zum Opfer fiel. Seine sozialkritischen Werke, wie vor allem die Lithographien »Einkauf« (1915), der Zyklus »Trinker« (1915/16) oder »Krüppelstadt« (1917), sind ähnlich ergreifend wie die einer Käthe Kollwitz. Seit 1915 war KRAYN Mitglied der Berliner Sezession.

Auch in der Abteilung C 4, aber an der Ecke zu B 4 und K 5, treffen wir auf das Erbbegräbnis Hirsch BEERMANN (1850–1921). Zwei Gestaltungselemente bestimmen die Form dieses Grabmals: die dreibogige Arkade vorn, im Stil der Neuen Sachlichkeit scheinbar wie ausgeschnitten aus der glattflächigen Mauer, und zum anderen die Fältelung der Rückwand, ein beliebtes Motiv der expressionistischen Architektur, das auf Lichtwirkungen besonders anspricht.

Hirsch Beermann

Das Erbbegräbnis an der Ecke B 4 zu C 4 und O 4 ist das des Bankiers und Politikers Louis ARONSOHN (1850–1928). Der Geheimrat war in Berlin Stadtverordneter und unbesoldeter Stadtrat. Von 1904 bis 1918 gehörte er auch dem preußischen Abgeordnetenhaus zunächst als freisinniges und später als fortschrittliches Mitglied an. 1919 war ARONSOHN Mitglied der Landesversammlung, die die Verfassung Preußens beschloß.

Im Feld L 4 ist der Mediziner Hugo APOLANT (1866–1915) begraben. Seine Hauptwerke beschäftigten sich mit Geschwulstkrankheiten. Seine Frau Jenny APOLANT geb. Rathenau (1874–1925) war Kommunalpolitikerin und 1920 Stadtverordnete in Frankfurt/Main, wo sie die soziale Krankenhausfürsorge einrichtete und alkoholfreie Gaststätten gründete. Jenny APOLANT kämpfte für das Frauenstimmrecht und die Teilnahme der Frau an Gemeindeangelegenheiten. Unter ihren zahlreichen Veröffentlichungen gilt »Stellung und Mitarbeit der Frau in der Gemeinde« (1912) als wichtigste.

An der Seite von L 4, gegenüber dem Ehrenfeld für gefallene Soldaten des ersten Weltkrieges, liegt das Erbbegräbnis des Chemikers Karl Theodor LIEBERMANN (1842–1914), dem 1868 zusammen mit K. Graebe die Synthese des Alizarins gelang, die die deutsche Alizarin-Farbenindustrie begründete. LIEBERMANN arbeitete des weiteren über Alkaloid- und Farbstoffchemie. Er war seit 1873 Professor der Technischen Hochschule Berlin, seit 1879 der Universität und 1914 auch des Kaiser-Wilhelm-Instituts. Das Grabmal für LIEBERMANN wurde von Ernst Westphal geschaffen.

Hinter dem »sehenswerten Ehrenfriedhof für die Gefallenen« (Grieben Reiseführer, Berlin 1929) befinden sich weitere Gräber von Opfern des ersten Weltkrieges. An der Mauer von V 4 finden wir eine Gedenktafel für neun russische Soldaten, die als Kriegsgefangene starben. Die Gliederung dieser Tafel in hervortretende breite und einspringende schmale Schichten erinnert sehr lebhaft an den Aufbau des großen Revolutionsdenkmals für Karl Liebknecht und Rosa Luxemburg von Ludwig Mies van der Rohe auf dem Zentralfriedhof Friedrichsfelde im Stadtbezirk Lichtenberg, das 1935 gesprengt worden ist. Neben dieser hat die Jüdische Gemeinde Gera eine Tafel für ihre Soldaten an der Mauer angebracht. Im folgenden Grab liegt Michail BODJANA, ein sowjetischer Soldat, der kurz nach der Befreiung Berlins am 13. Mai 1945 verstarb. »An einem Ehrenplatz auf unserem Friedhof erhebt sich ein Hügel über seinem Grab, und ein Denkstein kündet seinen Namen«, schreibt Riesenburger, der den Achtundzwanzigjährigen beerdigte.

Sehr versteckt in der 7. Reihe der Abteilung W 4 finden wir die Grabstätte des Theaterdirektors David Donath HERRNFELD (1867 bis 1916), der zusammen mit seinem Bruder Anton das »Gebrüder Herrnfeld Theater«, eine Spezialitätenbühne für Jargonpossen, gegründet und geleitet hatte. Die HERRNFELDS waren ihre eigenen Autoren und Hauptdarsteller. Das Theater hat bis 1918 bestanden.

In X 4 gegenüber W 4 befindet sich das Erbbegräbnis des Professors der Musik Friedrich GERNSHEIM (1839–1916). Er war von 1890 bis 1897 Lehrer am Sternschen Konservatorium sowie seit 1897 Senatsmitglied und ab 1901 Leiter einer Meisterklasse für Komposition der Preußischen Akademie der Künste. Sein eigenes musikalisches Werk besteht aus Kammermusiken, Sinfonien, Konzerten und Chorwerken.

Am Sockel des Grabsteins für Louis und Pauline HERRMANN in der Abteilung Z 4, gegenüber der Grenzmauer, lesen wir:
Dr. Helene Herrmann
geb. Schlesinger
geb. 9. April 1877 in Berlin
(beide) deportiert 14. 9. 1942
nach KZ Theresienstadt
von dort am 16. Mai 1944 nach
Auschwitz dep. und verschollen
Dr. Max Herrmann
Universitätsprofessor
geb. 14. Mai 1865 in Berlin
gest. 17. Nov. 1942
in Theresienstadt

Wer waren diese beiden? Helene HERRMANN studierte in Berlin Germanistik, Philosophie und Kunstgeschichte. 1904 promovierte sie mit einer Dissertation zu dem Thema »Die psychologischen Anschauungen des jungen Goethe und seiner Zeit«. Sie war Mit-Herausgeberin der Gesammelten Werke Heinrich Heines, arbeitete als Lehrerin am Falkschen Gymnasium in Berlin und als dessen Leiterin bis 1931. Darüber hinaus veröffentlichte Helene HERRMANN eine Vielzahl literaturwissenschaftlicher Arbeiten über Herder, Droste-Hülshoff, Dehmel, Ricarda Huch, Rainer Maria Rilke, Gerhart Hauptmann, Fontane und andere.

Ihr Ehemann Max HERRMANN wurde 1933 nach zweiundvierzigjähriger Tätigkeit als Hochschullehrer an der Berliner Universität aus dem Amt vertrieben. Weiter wissenschaft-

Gedenktafel für russische Soldaten

lich arbeitend, durfte er zunächst noch die Universitätsbibliothek benutzen, dann nur noch die Staatsbibliothek. Endlich gestattete man ihm auch hier nur noch die Ausleihe von Büchern, nicht aber das Betreten der Lesesäle, schließlich nur noch die Einsichtnahme einzelner Bücher in der Ausleihe, bis man ihm auch das verbot.

Zwei Wochen bevor Max HERRMANN deportiert wurde, übergab er einer früheren Mitarbeiterin sein letztes umfangreiches Manuskript, »Die Entstehung der berufsmäßigen Schauspielkunst im Altertum und in der Neuzeit«.

Die Staatsbibliothek ehrt das Andenken dieses Mannes durch jährliche Verleihung des »Max-Herrmann-Preises« an denjenigen Bibliothekar, der die Benutzer der Bibliothek besonders vorbildlich betreut hat.

Die Grabstätte wird im Auftrage des Theaterwissenschaftlichen Instituts der Humboldt-Universität, das Max HERRMANN 1923 begründet hat, unterhalten.

Michail Bodjana

Wer von hier weitergeht in Richtung J 4, gelangt zu dem Grab des Verlegers Samuel FISCHER (1859–1934). Er kam 1879 über Wien nach Berlin, wurde Buchhändler in der Friedrichstraße, gründete 1886 einen eigenen Verlag und 1889 die Monatsschrift »Die Neue Rundschau«. Im gleichen Jahr wurde er Vorstandsmitglied des Vereins Freie Bühne. Den Ehrennamen »Cotta des Naturalismus« verdiente sich FISCHER, weil er die naturalistischen und sozialkritischen Autoren seiner Zeit veröffentlichte, darunter Ibsen, Tolstoi, Dostojewski, Zola und Hauptmann. 1907 gründete er »Fischers Bibliothek zeitgenössischer Romane« und gewann Autoren wie Hofmannsthal, Schnitzler, Hesse, Altenberg, Shaw, Döblin, Freud, Kafka, Kerr, Pasternak, Wassermann, Stefan Zweig und andere. Zum 70. Geburtstag seines Verlegers sprach Thomas Mann von der »tiefen, seelischen Klugheit dieses Mannes, sei-

nem Wissen um das Notwendige ...« Das Signet des S.-Fischer-Verlages schmückt das Grabmal des bis zu Hitlers Machtübernahme führenden deutschen Verlegers.

Das Erbbegräbnis an der Ecke von T 2 gegenüber der Grenzmauer und der Abteilung Z 2 ist das des Juristen Max APT (1869–1957). Von 1903 bis 1920 Hauptgeschäftsführer der Ältesten der Kaufmannschaft und Erster Syndikus der Industrie- und Handelskammer sowie Professor an der Handelshochschule, gründete APT die »Deutsche Wirtschaftszeitung«. Unter dem Pseudonym Maximilian Parmod schrieb er u. a. »Antisemitismus und Strafrechtspflege« (1894).

Ebenfalls in T 2, gegenüber von X 2, gelangen wir zum Erbbegräbnis Berthold KEMPINSKIS (1845–1910), dessen Name einst ein Begriff für gutes Speisen und erstklassige Ge-

Berthold Kempinski

tränke war. KEMPINSKI hatte seine Laufbahn zunächst als Weinreisender in Posen begonnen, war dann Teilhaber an einer Weinstube in Breslau geworden und endlich 1872 nach Berlin gekommen. Hier gründete er bereits im folgenden Jahr das Weinrestaurant M. Kempinski und Co. Später kamen noch eine Weinversandhandlung und ein Delikatessengeschäft hinzu. Das Grabmal besteht aus einer Pfeilerreihe über kurvigem Grundriß. Das bestimmende architektonische Motiv sind die vor die Pfeiler gesetzten kannelierten und in Volutenkapitellen endenden Pilaster mit weit ausladendem Gebälk. Das bestimmende plastische Motiv dagegen ist der in die Mitte des Runds gestellte Säulenstumpf mit einer großen drapierten Urne, auf deren Vorderseite vertieft ein Medaillon mit dem Bildnis KEMPINSKIS angebracht ist, ursprünglich verschließbar, wie wir dies schon vom Grabmal Cahn her kennen.

Samuel Fischer

Theobald Tiger (Kurt Tucholsky)
In Weißensee

Da, wo Chamottefabriken stehn
    – Motorgebrumm –
da kannst du einen Friedhof sehn,
    mit Mauern drum.
Jedweder hat hier seine Welt:
    ein Feld.
Und so ein Feld heißt irgendwie:
    O oder I …
Sie kamen hierher aus den Betten,
aus Kellern, Wagen und Toiletten,
    und manche aus der Charité
      nach Weißensee,
      nach Weißensee.

Wird einer frisch dort eingepflanzt
    nach frommem Brauch,
dann kommen viele angetanzt –
    das muß man auch.
Harmonium singt Adagio
    – Feld O –
das Auto wartet – Taxe drei –
    – Feld Ei –
Ein Geistlicher kann seins nicht lesen.
Und was er für ein Herz gewesen,
    hört stolz im Sarge der Bankier
      in Weißensee,
      in Weißensee.

Da, wo ich oft gewesen bin,
    zwecks Trauerei,
da kommst du hin, da komm ich hin,
    wenns mal vorbei.
Du liebst. Du reist. Du freust dich, du –
    Feld U –
Es wartet in absentia
    Feld A.
Es tickt die Uhr. Dein Grab hat Zeit,
drei Meter lang, ein Meter breit.
    Du siehst noch drei, vier fremde Städte,
    du siehst noch eine nackte Grete,
      noch zwanzig-, dreißigmal den Schnee –
      Und dann:
      Feld P – in Weißensee –
      in Weißensee.

Als das Gedicht im Mai 1925 in der »Welt-bühne« erschien, wurde Kurt Tucholsky von jü-discher Seite der Vorwurf gemacht, »geschmack-los, respektlos, verletzend und zynisch« zu sein (Mary Tucholsky).

Das Grab der Eltern von Kurt Tucholsky be-findet sich im Feld T 2 gegenüber der Mauer. Als nach dem Tode von Alex TUCHOLSKY (1855–1905) das Erbbegräbnis eingerichtet wurde, ahnte niemand, daß die Mutter Doris TUCHOLSKY, eine geborene Tucholski, hier nur ein Symbolgrab finden würde. 1943 wurde die 74jährige nach Theresienstadt deportiert, wo sie ums Leben kam.

Schräg gegenüber an der Mauer befindet sich das Erbbegräbnis des Kommerzienrates Adolf JANDORF (1870–1932). Nach einer kaufmänni-schen Lehre ging er mit zwanzig Jahren nach den USA, wo er moderne Verkaufstechniken studierte. 1892 eröffnete JANDORF in Berlin am Spittelmarkt das »Hamburger Engros-Lager«, ein Spezialgeschäft für Kurz-, Weiß- und Woll-waren und Tapisserie, das Stammhaus des spä-teren Warenhauskonzerns. Der rührige Kauf-mann JANDORF wurde in den neunziger Jah-ren zum Wegbereiter des modernen Waren-hauses nach amerikanischem Vorbild und er-reichte mit seinem Warenangebot breiteste Kreise, vor allem Mittelschichten und Arbeiter. Von den fünf Berliner Warenhäusern JAN-DORFS blieb das Gebäude Brunnenstraße/Ecke Veteranenstraße, in dem sich heute das Mode-institut der DDR befindet, als Gebäude am besten erhalten. 1907 baute JANDORF in einer Wohngegend Wohlhabender, in einem neuen Verkehrs- und Einkaufszentrum der Stadt, das »Kaufhaus des Westens« (KaDeWe) – das größte Warenhaus Deutschlands. Fast so dicht

Alex Tucholsky

122

beieinander, wie damals die Warenhauskonzerne ihre Neubauten konkurrierend in die Stadtteile setzten – JANDORFS Warenhaus am Halleschen Tor wurde mit dem ganzen Konzern 1926 von Tietz übernommen –, befinden sich die Gräber ihrer Gründer auf dem Friedhof.

Hermann TIETZ (1837–1907) eröffnete 1882 in Gera eine Firma, nicht ahnend, daß sich aus dem kleinen Weißwarengeschäft ein Warenhauskonzern entwickeln würde, der später Jandorfs Namen überflügeln sollte. 1900 entstand in der Leipziger Straße nahe dem Spittelmarkt das erste Tietz-Warenhaus. Nach dem Tode des Gründers übernahm sein Neffe Oskar Tietz (1858–1923) die Geschäfte. Beider Erbbegräbnis ist in Feld O 2 gegenüber von G 2 leicht zu finden.

Der dritte große Berliner Warenhauskonzern ist eine Gründung der aus Stralsund stammenden Gebrüder Wertheim, die – da getauft – nicht in Weißensee begraben liegen. 1904 ließen sie am Leipziger Platz von einem damals noch nicht berühmten Architekten, dem danach für Berliner Bauten hochbedeutsamen Alfred Messel (1853–1909), ein Warenhaus errichten, das bis zum zweiten Weltkrieg zu den Sehenswürdigkeiten der Stadt zählte.

Im Feld N 2, als 14. Erbbegräbnis von T 2/M 2 zu erreichen, ist Meyer HAMBURGER (1858 bis 1903) begraben, der in Berlin Chemie, Physik, Philosophie und Mathematik studierte und später vorwiegend über die Theorie der Differentialgleichungen publizierte. 1879 erhielt er die Genehmigung, zunächst als Privatdozent an der Berliner Technischen Hochschule zu unterrichten, seit 1885 als Professor. HAMBURGER schrieb auch philosophische Abhandlungen und war von 1864 bis zu seinem Tode Oberlehrer an der Knabenschule der Jüdischen Gemeinde zu Berlin.

Etwas überwachsen findet sich gegenüber der Mauer im Feld M 2 der Grabstein von Ludwig JACOBOWSKI (1868–1900), Dichter, Lyriker, Erzähler. Er studierte Literaturwissenschaft, Philosophie und Geschichte und erregte mit dem Roman »Werther der Jude« (1892) Aufsehen. In dem Jahrzehnt von 1890 bis zu seinem frühen Tode schrieb JACOBOWSKI einundzwanzig literarische Werke, edierte sechs Bücher und verfaßte über hundert journalistische Beiträge. Er gründete den Berliner Klub für Schriftsteller und Künstler »Die Kommenden« und war gemeinsam mit Richard Zoozmann Redakteur des »Zeitgenossen«, Berliner Monatshefte für Leben, Kritik und Dichtung der Gegenwart. Auf JACOBOWSKIS Grabstein stehen über der Darstellung einer liegenden Fackel die Worte »rastlos, furchtlos, selbstlos«.

An der Grenzmauer, der Abteilung M 2 zugeordnet, ist das von Fritz Kritzler für Felix HIRSCH gestaltete Grabmal zu beachten.

Martin Dülfer errichtete das Erbbegräbnis für Moritz BECKER (1830–1904) in der Abteilung E 2 an der Grenzmauer. Es ist eines der bemerkenswertesten aus der Zeit der Stilwende im ersten Jahrzehnt unseres Jahrhunderts. Sein Aufbau, der, herb und fast ein wenig karg, aus stehenden Rechteckfeldern und -öffnungen sowie aus kleinen gruppierten Quadraten komponiert ist, dokumentiert einen sehr sicheren und treffenden Proportionssinn, der im Keim die zukünftigen Tendenzen der kubistischen wie auch der funktionellen Architektur enthält. Es ist die subtile geometrische Schlichtheit, die diesem Denkmal Würde und Monumentalität verleiht.

Auf Becker folgend dann das Erbbegräbnis für Bernhard LOESER (1835–1901), der mit Karl Wolff 1865 ein Tabakwarengeschäft eröffnete, dem bis 1901 noch fünfundsechzig weitere folgten. 1874 komplettierten die beiden Teilhaber ihr Unternehmen durch Gründung einer Zigarrenfabrik in Elbing.

Ein anderer Weg zu bemerkenswerten Gräbern beginnt am Rondell (K 1, L 1, O 1, P 1, Q 1). Im achten Erbbegräbnis von Q 1 – von P 1/T 1 gezählt – liegt der Mediziner Albert FRAENKEL (1848–1916). Er lehrte seit 1884 in

Berlin als außerordentlicher Professor und wurde 1890 Direktor der Inneren Abteilung des Urban-Krankenhauses im Stadtbezirk Kreuzberg. FRAENKEL war ein überaus erfolgreicher und gesuchter Internist. Er hat im wesentlichen die moderne Strophantintherapie inauguriert und ist der Entdecker eines Erregers der Lungenentzündung (Pneumococcus). 1884 gelang FRAENKEL der Nachweis, daß der später nach ihm benannte »Fraenkelsche Bazillus« der Erreger der gewöhnlichen kruppösen Lungenentzündung ist. »Eine Leistung, die ihn in die Zahl der großen bakteriologischen Entdecker einreiht und seinem Namen in der Geschichte der Medizin für immer einen Platz gesichert hat« (Allgemeine Deutsche Biographie).

Im Feld R 1 – im dritten Erbbegräbnis von S 1/T 1 aus – ist der Geheime Medizinalrat Professor Julius WOLFF (1856–1902) begraben, der Mitbegründer der wissenschaftlichen Orthopädie.

Als dritter berühmter Arzt liegt gleich am Anfang von U 1 gegenüber T 1 der Augenarzt Julius HIRSCHBERG (1843–1925). Als Werkstudent hatte er in Berlin Medizin studiert und kam, als einer der letzten Assistenten von Albrecht von Graefe, durch seinen Lehrer zur Augenheilkunde, in der er Hervorragendes leistete: Er führte (1885) den Elektromagneten zur Entfernung metallener Fremdkörper aus dem Auge ein. Seit 1868 praktizierte HIRSCHBERG in Berlin und hatte solchen Zulauf, daß er im nächsten Jahr seine Praxis zur Poliklinik erweiterte. 1879 wurde er außerordentlicher Professor und 1895 Geheimer Medizinalrat. Julius HIRSCHBERG ist der Verfasser eines neunbändigen »Handbuchs der gesamten Augenheilkunde« (1899–1912). Keine andere medizinische Disziplin besitzt eine ähnlich ausführliche, aus den Quellen zusammengetragene Entwicklungsgeschichte von ihren Anfängen bis ins 20. Jahrhundert. HIRSCHBERG beherrschte außer klassischen und modernen Sprachen das Arabische in dem Maße, daß er

Moritz Becker

die gesamten ophthalmologischen Schriften der arabischen Mediziner benutzen und übersetzen konnte.

In einem Erbbegräbnis der Abteilung U 1 liegt der Jurist Hugo SONNENFELD (1863–1927). Als bedeutender Strafverteidiger wirkte er 1900 auch an dem sogenannten Ritualmordprozeß von Konitz mit, der damals große Aufmerksamkeit erfahren hat. SONNENFELD war in Berlin Stadtverordneter sowie Berater der Lokomotivführergewerkschaft und seit 1917 Hauptvorstandsmitglied des Central-Verbandes der deutschen Juden.

Am Anfang der Reihe 11 von U 1 – von V 1 aus – liegt eine bedeutende Frau begraben, Lina MORGENSTERN (1830–1909), Schriftstellerin und Sozialarbeiterin, einst als »Suppen-Lina« berühmt. Sie war die Tochter eines Breslauer Fabrikanten und gründete schon als Achtzehnjährige den »Pfennigverein zur Unterstützung armer Schulkinder«. Seit 1854 lebte sie mit ihrem Mann Theodor MORGENSTERN in Berlin und leitete von 1860 bis 1866 den Frauenverein zur »Beförderung der Fröbelschen Kindergärten«. Nach Ende des preußisch-österreichischen Krieges (1866) gründete Lina MORGENSTERN unter dem Einfluß seiner Nachwirkungen auf die Bevölkerung den »Verein Berliner Volksküchen«, 1868 den Kinderschutzverein, 1869 war sie Mitbegründerin des ersten Arbeiterinnen-Bildungsvereins und der ersten Krankenkasse für Arbeiterinnen. 1873 – wieder war ein Krieg gewonnen – gründete sie den »Berliner Hausfrauenverein gegen Verteuerung und Verfälschung der Lebensmittel«. Ihm waren eine Kochschule, Unterstützungskassen und eine ständige Ausstellung angeschlossen. 1880 gründete Lina MORGENSTERN den »Frauenverein zur Rettung sittlich verwahrloster und strafentlassener minderjähriger Mädchen«. Zeitgenossen schildern sie als kleine, immer bewegliche Frau mit Brille und rühmten ihren »praktischen Sinn und hervorragendes Organisationstalent«. 1907 gab es in allen Berliner Stadtteilen solche Volksküchen. Als vielseitige Autorin schrieb Lina MORGEN-

Lina Morgenstern

STERN Haushaltsbücher (»Universalkochbuch«), Erzählungen, Kinderbücher und Schriften zur Frauenbewegung ihrer Zeit. Als Hauptwerke gelten »Die Frauen des 19. Jahrhunderts« (3 Bde.) und »Frauenarbeit in Deutschland« (2 Bde.). 1895 wurde Lina MORGENSTERN Vorstandsmitglied der Deutschen Friedensgesellschaft. Von 1874 bis 1904 gab sie die sonntags erscheinende »Deutsche Hausfrauenzeitung« heraus und regte 1896 an, in Berlin einen internationalen Frauenkongreß stattfinden zu lassen. In der Grabinschrift nennen ihre Kinder und Freunde sie eine »große Menschenfreundin«.

Berthold Salomon

Ebenfalls in der Abteilung U 1, doch sehr versteckt in der Reihe 15, liegt das Grab des Pädagogen Markus REICH (1844–1911). Nach dem Besuch der Jüdischen Lehrerbildungsanstalt in Berlin, die damals noch unter der Leitung von Horwitz stand, arbeitete REICH zunächst zeitweilig als Hauslehrer und vervollständigte sodann seine Ausbildung an der Königlichen Taubstummenanstalt in Berlin. 1873 eröffnete er in Fürstenwalde an der Spree die Israelitische Taubstummenanstalt. In den ersten Jahren ihres Bestehens konnte REICH die Anstalt nur mit Mühe und unter großen Entbehrungen unterhalten. 1884 gründete er deshalb den Verein »Freunde der Taubstummen – Jedide Ilmin« und schuf so die Voraussetzungen, daß die Anstalt zu einem Institut der deutschen Judenheit werden konnte. 1890 wurde die Einrichtung nach Berlin-Weißensee, Parkstraße 18, verlegt, wo sie bis zu ihrer Liquidierung in der NS-Zeit bestanden hat. REICHS Leitung

der Anstalt endete nach achtunddreißig sehr erfolgreichen Jahren mit seinem Tode. Unterstützt wurde er durch seine Schwester Anna, die in der 12. Reihe der gleichen Abteilung bestattet worden ist.

Ein kleiner, neuerer Grabstein, flankiert von zwei dunklen, mannshohen, kennzeichnet in der 17. Reihe das Grab des Weltbühnen-Mitarbeiters Berthold JACOB (Berthold SALOMON, 1898–1944). JACOB, ein ehemaliger Weltkriegsfreiwilliger, hatte nach dem Kriege in vielen Beiträgen den Militarismus, die geheime deutsche Aufrüstung und die Fememorde der Schwarzen Reichswehr bloßgestellt. Damit hatte er sich den deutschen Rechten so verhaßt gemacht, daß sein Name nicht allein auf der Ausbürgerungsliste vom 23. August 1933 kam, sondern daß er 1935 sogar aus der Schweiz nach Deutschland verschleppt wurde. Durch Intervention der Schweizer Regierung

Jacob Appelbaum

wieder befreit, wurde Jacob 1941 erneut, diesmal aus Portugal, nach Deutschland entführt, wo er dann nach drei qualvollen Haftjahren bei der Gestapo verstarb.

Das Grabmal Jacob Appelbaum (1836–1911) in S 1 gegenüber U 1 steht in der Vielzahl von Familiengrabstätten, die im offenbar recht beliebten historisierenden Stil der Romanik gehalten sind, weit vornean, was die Vollkommenheit seiner Ausstattung mit den Formenelementen dieses Stils angeht. Es ist ein Haus mit geschlossener Rückwand, von einem Satteldach überdeckt. Die Vorderfront und die beiden Seiten sind in dreiteilige Säulenarkaden gegliedert, die mittlere Arkade jeweils erhöht, so wie es uns die echte Romanik in unzähligen Beispielen überliefert hat. Ein zusätzliches Schmuckelement, das dieses Grabmal im besonderen auszeichnet, ist die umlaufende und im Giebelfeld ansteigende Zwerggalerie.

Auch auf dem Friedhofsteil, wo einst der Wasserturm gestanden hat, sind verschiedene Grabanlagen besonders beachtenswert. Die erste von X 1 aus besteht aus mehreren Erbbegräbnissen, in deren einem Margit Grete Wassermann (1882–1924) bestattet worden ist. Diese wurde durch den Gemeindebaumeister Alexander Beer gestaltet, der neben weiteren Anlagen auch den Ehrenfriedhof für gefallene jüdische Soldaten sowie das Waisenhaus der Jüdischen Gemeinde in Berlin-Pankow entworfen hat. Beer selbst hat kein Grab auf diesem Friedhof. Er ist 1943 nach Theresienstadt deportiert worden und dort umgekommen.

Gegenüber dieser Anlage treffen wir auf die gewiß schönste Grabstätte dieses Friedhofs. Es ist die für Markus Goldschmidt (1851–1922) und seine Familie. Sie besteht aus einer gestreckt rechteckigen Anlage aus Sandstein. Die Vorderfront öffnet sich in acht Rundbögen, die,

Wassermann – Freudenheim – Michalski

ganz im Stil der zwanziger Jahre, wie aus der glattflächigen Mauer ausgeschnitten scheinen. An den Schmalseiten sind es jeweils zwei Bögen. In die vorderen Bögen sind sehr stilvoll gestaltete Gitter eingelassen: mit lanzettförmigen Blüten geschmückte Vierpässe, in deren Mitte abwechselnd der Davidstern, eine Sanduhr, eine Schlange und verschiedene Monogramme eingefügt sind, auf dem Rahmen oben Palmen in der für diese Zeit typischen stark stilisierten Form. Zwei Ädikulen gliedern die schmucklose Rückwand, sie sind von einer sehr vornehmen Gestalt und fassen eine Nische ein, in die auf hohem kanneliertem Sockel eine Vase hineingestellt ist. Die beiden Epitaphien aus einem besonders feinen, rot geäderten Marmor zeichnen sich durch ein vollkommenes Ebenmaß ihrer Formen aus. Das Ganze betrachten wir als ein hervorragendes Beispiel für das harmonische Ineinandergreifen von traditionellen und neuen Formen.

Der südlichen Schmalseite dieser Grabstätte unmittelbar benachbart steht ein infolge seiner dichten und hohen Bepflanzung leider in seiner monumentalen Wirkung beeinträchtigter Findling für Hugo J. Herzfeld (1869–1922), in seinem Ausmaß nur übertroffen von dem Grabstein Dridso auf dem Südteil des Friedhofes.

Kopf an Kopf zu dieser Grabstätte Adolf Baginsky (1843–1918), Mediziner. Er gründete das Kaiserin-Friedrich-Krankenhaus in Berlin, das er seit 1890 leitete. 1892 wurde er Universitätsprofessor. Baginsky ist einer der Begründer der modernen Kinderheilkunde. Er verfaßte Lehrbücher, so ein Handbuch der Schulhygiene, und schuf 1880 das Archiv für Kinderheilkunde. »Auf den Mund von Kindern hast du deine Macht gegründet«, steht auf dem Grabstein von Adolf Baginsky, dem die Einführung von Schulärzten, Säuglingsasylen und die systematische Jugendfürsorge zu verdanken sind.

Markus Goldschmidt – Gesamtansicht

Markus Goldschmidt – Gitter   *Markus Goldschmidt – Detail*

Das Grab daneben gehört dem Fabrikanten Benno ORENSTEIN (1851–1926). 1876 gründete er zusammen mit Arthur Koppel die Firma Orenstein & Koppel, ein Handelsunternehmen für Klein- und Feldbahnen. Ab 1894 stellten sie selber solche Bahnen her und dehnten die Produktion bald auf Lokomotiven und Waggons für Normalspurbahnen und Eisenbahnmaterial aus. Die Firma wurde zu einem der bedeutendsten deutschen Unternehmen auf diesem Gebiet. Ihr Betrieb in Drewitz ist das heutige Lokomotivwerk »Karl Marx«.

An der Grenzmauer, beginnend vom Eingang, Salomon NEUMANN (1819–1908), der, ursprünglich als Wundarzt und Geburtshelfer in Berlin tätig, einer der hervorragenden Sozialmediziner und Sozialhygieniker war. Als Mitstreiter von R. Leubuscher und R. Virchow sowie in seiner ein halbes Jahrhundert währenden Tätigkeit als Stadtverordneter in Berlin hat sich NEUMANN außerordentlich verdient gemacht im Sinne der von ihm bereits 1847 publizierten Schrift »Die öffentliche Gesundheitspflege und das Eigentum«. Berlin verdankt ihm das auf seine Anregung 1860 geschaffene statistische Büro, dessen erstes Arbeitsgebiet die Armenkrankenpflege war. Große Verdienste erwarb sich NEUMANN auch als Mitbegründer der Hochschule für die Wissenschaft des Judentums. Der Architekt seines Grabmals war Max Landsberg.

Der Physiker Herrmann ARON (1845–1913) schickte 1883 die ersten drahtlosen Signale über den Wannsee bei Berlin, baute den ersten praktisch brauchbaren Elektrizitätszähler (1884/85), Aronzähler genannt, und gab 1891 die für Drehstrommessungen grundlegende Zwei-Watt-Meterschaltung an.

Salomon Neumann

Das Mausoleum KATZ – LACHMANN ist um 1910 nach eigenem Entwurf des Baumeisters Louis LACHMANN (1860–1910) entstanden, von dem uns in dem ehemaligen Warenhaus Jandorf (siehe Seite 122, 123), dem heutigen Modeinstitut der DDR, Brunnen-/Ecke Veteranenstraße, ein eindrucksvolles Beispiel seines Architekturstils überliefert ist. Das Grabmal verdient wegen seiner außergewöhnlichen Gestalt erwähnt zu werden: Es ist ein grottenähnliches Gehäuse aus dem zu dieser Zeit häufig auftretenden Rustikamauerwerk. Offenbar hat Hermann Obrists eigenwillig als riesige Muschel geformtes Grabmal Örtel im Fichtelgebirge (1901/02) geistig Pate gestanden, nur ist das Höhlenartige von LACHMANN nicht bis zu dieser letzten Konsequenz getrieben, die Lotrechte, die Fenster und die Gewölbe erinnern noch an Architektur. Trotzdem spüren wir den bizarren Gegensatz dieses nahezu amorphen Gebil-des zu dem Grabmal, das sich unmittelbar rechts davon anschließt, dem Grabmal PANOFSKY.

Der Bankier Eugen PANOFSKY (1855–1922) war von 1910 bis 1919 in Berlin unbesoldeter Stadtrat und Vorsitzender der Hochbaudeputation. So ist es verständlich, daß er sein Grabmal von Ludwig Hoffmann erbauen ließ, dem langjährigen Berliner Stadtbaurat, dessen zahlreiche öffentliche Großbauten die hauptstädtische Architektur wesentlich mitbestimmt haben. Der Stil des Grabmals reflektiert sehr deutlich Hoffmanns traditionsbewußte, dabei aber keineswegs plagiativ historisierende Einstellung – eine Tendenz, Neuklassizismus und Neubarock zu vereinen, ohne die zarte Schärfe des echten Klassizismus, aber auch ohne die ausschweifende Fülle des echten Barock, was sich beides freilich zwangsläufig aus dem Material des

Katz – Lachmann

großporigen Muschelkalksteins ergab. Entstanden ist das Grabmal 1919.

Das Erbbegräbnis des Bankiers Oscar LOEWENBERG (1853–1919) in V 1 gegenüber der Abteilung Wasserturm macht uns die Formenentwicklung bewußt, die das Panofsky-Grabmal von Ludwig Hoffmann als veraltet erscheinen läßt, auch wenn der Zeitunterschied zwischen beiden nur wenige Jahre beträgt. In eine breite, senkrecht gerifelte Wand mit einem Gesims, das von stilisierten Blumen geschmückt wird, sind fünf hochrechteckige Öffnungen eingeschnitten – das ist eine moderne Note, in der sich Sachlichkeit und Expressionismus vereinen. Dennoch findet ein traditionsreiches Element der jüdischen Grabmalkunst seine zeitgemäße Wiederaufnahme: Das sind die Stelen, die die Giebelseiten der Grabmale in Hausform darstellen, hier einmal zu Paaren verbunden. Leider ist das Gitter zwischen den Pfeilern der Einfassung gänzlich verlorengegangen.

Im Feld V 1 ist der Arzt und Sozialhygieniker Abraham Adolf BAER (1834–1908) bestattet. Er war seit 1872 Chefarzt des Gefängnisses in Plötzensee und gilt als der Begründer der Hygiene im Gefängniswesen.

Vier Grabmale an der Grenzmauer demonstrieren unterschiedliche Stilrichtungen aus ein und derselben Zeit, dem Jahrzehnt vor dem ersten Weltkrieg. Da sind zunächst zwei Mausoleen, die gerade noch in dem Motiv der aufwendig geschmückten Säulen eine gleiche romanisierende Haltung bekunden, sonst aber kaum noch Gemeinsames aufweisen: das Mausoleum der Familie Mathilde MECKLENBURG (1884–1907), Abteilung V 1, und das für Hermann HOFFMANN (1847–1907), Abteilung F 2. Das erstgenannte, eine offene Halle auf Eckpfeilern und eingestellten Säulen, vertritt eine antikische Haltung, die ein wenig an die südfranzösische Romanik um 1100 erinnert, wogegen das HOFFMANN-Mausoleum mit seinem

Eugen Panofsky

üppigen Pflanzendekor eher auf die späte mitteleuropäische Romanik hinweist, besonders im großen Rundbogen vorn und in den schönen Seitennischen. Aber weder hier noch dort ist Stilreinheit angestrebt. So suggeriert die besonders kunstvolle Fensterrose im Giebel des MECKLENBURG-Grabmals das Gotische, das Mosaik im Inneren des HOFFMANNschen dagegen das Byzantinische.

Ganz anders die beiden folgenden Beispiele im Jugendstil, Wandgrabmale in der schon besprochenen Form (Baer in B 1, Baszynski in R 2 am Rondell), hier für Abraham HARRISON (1831–1908), etwas weiter südlich vom Hoffmann-Grabmal gelegen, und für Fanny BECK (1863–1909), gegenüber von P 2. Das schon bei Baszynski beschriebene Relief mit der symbolischen Landschaft bilden wir hier ab – neben einem Kapitell aus dem BECKschen Grabmal, dessen straffe Tektonik und linearer Ausdruck lebhaft an Gestaltungen Henry van de

Veldes erinnern, insbesondere an die im Folkwang-Museum in Hagen aus dem Jahre 1901.

In Reihe 18 von P 2 – von Q 2 aus – findet sich kurz vor der Ecke U 2/Q 2 ohne Lebensdaten das Grab von David FRISCHMANN (1865–1922). Er zählt als klassischer neuhebräischer Schriftsteller. FRISCHMANN ist Autor von Gedichten, Essays, Erzählungen und Legenden. Er hat Werke von Shakespeare, Goethe, Nietzsche und Tagore übertragen. Zu seinem 50. Geburtstag erschien eine Gesamtausgabe seiner Werke in siebzehn Bänden.

An der Mauer von U 2 liegt gemeinsam mit seiner nur wenige Wochen vor ihm verstorbenen Frau Marie ein produktiver Berliner Unterhaltungsschriftsteller und Theaterleiter bestattet: Oscar BLUMENTHAL (1852–1917). Er begann 1875 als Theaterkritiker und Feuilletonchef im »Berliner Tageblatt«. Seine erbarmungslosen Verrisse trugen ihm den Spitz-

133

Mathilde Mecklenburg

Hermann Hoffmann

Oscar Loewenberg

namen »Der Blutige« ein. Als er eigene Stücke veröffentlichte, erlebte er manchen Mißerfolg und gründete wohl auch deshalb das Lessingtheater (1888), das er bis 1897 leitete. In diesem Haus, eingeweiht mit dem »Nathan«, wurde mit der Uraufführung von Hauptmanns »Vor Sonnenaufgang« 1889 Theatergeschichte gemacht. BLUMENTHAL schrieb Gesellschaftsschwänke, von denen das gemeinsam mit Kadelburg verfaßte Stück »Im weißen Rößl« (1898) bis heute auf den Spielplänen steht.

Das Grabmal für Alexander ARONHEIM (1861 bis 1906) in der Abteilung V 2 gegenüber Q 2 vertritt ein weiteres Mal den Thronsessel-Typ, der uns in den Grabmalen Baer, Baszynski und Harrison bereits begegnet ist.

Georg MINDEN (1850–1928), langjähriger Direktor des Berliner Pfandbriefamtes, hat sich verdient gemacht auf dem Gebiet der jüdischen Märchenkunde. Sein Grab finden wir an der Ecke von Q 2 zu O 2 und R 2.

Otto Stichling schuf 1903 das Grabmal für Alfred Abraham COHN (1861–1932) in R 2 gegenüber von O 2. Dieses ist in verschiedener Hinsicht außergewöhnlich und einmalig. Zwei nach oben sich verjüngende, durch ein Band aus hellblauen Kacheln farbig akzentuierte Pylonen, die in typischen Jugendstil-Gebilden endigen, einer undefinierbaren Mischung aus züngelnden Flammen und pflanzlichen Motiven, tragen zwischen sich, gleichsam eingehängt, eine Bronzetafel, die außer dem Namen den vollständigen Text des 23. Psalms aufnimmt, alles in einer ausdrucksstarken, schon dem Neuklassizismus sich zuwendenden Majuskelschrift.

> »Stark wie der Tod ist die Liebe,
> Unwiderstehlich wie das Grab ist ihre Gewalt«

lautet die Inschrift des Grabmals für Henriette KALISCHER (1845–1900) in I 2 am Rondell zu H 2 und O 2. Das Grabmal wäre kaum einer besonderen Würdigung wert, trüge es nicht die-

Hermann Hoffmann – Detail

sen Sinnspruch aus dem Hohenlied Salomons in einem Tympanon, auf dem die Majuskelschrift auf typisch jugendstilmäßige Art vor einem Spalier aus Efeu steht und mit ihm wie verwoben erscheint. Das hat durchaus seine metaphorische Bedeutung: Der Sinn des Spruches kommuniziert mit dem Symbolgehalt des Efeus, einer Pflanze, die schon seit dem Altertum und durch alle Religionen hindurch als Zeichen der Fruchtbarkeit und treuen Anhänglichkeit gilt.

Es gibt unter der großen Menge von Grabmalen des Historismus eigenartigerweise nur eine relativ kleine Anzahl von gotisierenden. Zu den markanteren Beispielen dieses Neostils zählt das Grabmal Adolph KÖHLER (1858 bis

Abraham Harrison – Detail

Fanny Beck – Detail

1919), eine aus Muschelkalkstein errichtete dreiachsige Spitzbogenarkade über segmentbogigem Grundriß an der Südspitze von G 2 vor dem viereckigen Platz. Es ist ein sehr spätes Beispiel, trotzdem steht es auch deshalb für die anderen, weil es nicht die artistisch verfeinerte, die »Kathedral-Gotik«, zum Vorbild hat, sondern die frühe, noch von der Romanik geprägte. Daher auch haben die Säulen Zickzack- und Rhombenmuster auf dem Schaft und die für die erste Hälfte des 13. Jahrhunderts in der Übergangsphase so typischen Kelchblockkapitelle. Lediglich die Ornamentbänder um die Arkadenbögen und das Abschlußgesims sind frei erfunden, ohne indes aufdringlich zu wirken.

In O 2, gegenüber von G 2, steht das Grabmal für Adolf BERNHARD (1843–1901), wiederum ein Beispiel für den Thronsessel-Typ, diesmal mit ungewöhnlich hoher Rückwand, in die eine rechteckige Öffnung eingelassen ist. Der Rahmen dieses Durchbruchs zerfließt förmlich in jugendstilgemäß bewegten Drapierungen.

Unser Rundgang endet am Grabmal für Rosalie ERNST (1853–1899) in F 2, gegenüber von G 2, dem unzweifelhaft am reichsten ausgestatteten Vertreter des Ciborium-Typs, eingefaßt von Balusterschranken und leicht erhöht über quadratischem Grundriß, die Säulenschäfte unten mit Girlanden umwunden, über dem Architrav Volutengiebel, als Abschluß eine doppelt gestufte Laterne aus Kupfer. Das Ganze sucht durch manieristische Üppigkeit des Dekors zu gefallen. Dem entspricht auch das Mosaikbild an der Rückwand – in Anspielung auf den Vornamen der Toten ein fülliger Rosenbusch.

Entlang der früheren Lichtenberger und heutigen Indira-Gandhi-Straße sowie zu dem anschließenden Betriebsteil des Getränkekombinates ist in den Jahren 1983/84 anstelle der alten Friedhofsmauer eine neue in Betonfertigteilen errichtet worden. Als Dekor tragen einzelne Wandplatten eine stilisierte Menora. Außerdem ist die wuchtige Mauer zur Straße hin mehrfach durch Nischen mit schmückendem Gitterwerk unterbrochen. Entworfen

Henriette Kalischer – Detail

Alfred Cohn

wurde die neue Einfriedung von einem Architektenkollektiv unter Leitung von Dipl.-Ing. Gerd Pieper und ausgeführt durch Betriebe des VEB BMK Ingenieurhochbau. Die Arbeiten wurden finanziert durch den Magistrat von Berlin, Hauptstadt der DDR.

Nahe dem Friedhofseingang an der Indira-Gandhi-Straße finden wir in L 5 das Erbbegräbnis, in dem der Arzt Eugen JOSEPH (1879 bis 1933) bestattet worden ist. JOSEPH hatte zwanzig Jahre lang eine Professur und die Leitung der Urologischen Abteilung der Chirurgischen Universitätsklinik inne. Er war Autor des »Lehrbuchs der Hyperämiebehandlung akuter chirurgischer Infektionen« und seit 1927 Mitherausgeber der »Zeitschrift für Urologie«. Nachdem ihm durch den NS-Staat Lehrbefugnis und Funktion genommen worden waren, schied er aus dem Leben.

Ebenfalls in der Abteilung L 5, doch in der Reihe 6, ist Salo RAWITZKI (1846–1921) bestattet. Sein Grabmal aus Sandstein ist bemerkenswert wegen der architektonischen Form und des für die frühen zwanziger Jahre charakteristischen Dekorationsstils. Es handelt sich um ein Ciborium oder Tabernakel aus vier Säulen über quadratischem Grundriß, in seiner Mitte ein Kubus mit einer Art Opferschale aus Metall darauf, das Ganze von einer Kuppel bekrönt. Das florale Ornament auf den Säulenbasen und -kapitellen und der Kuppel zeigt sich als ein typisches Requisit des sogenannten »Inflationsstils«: expressiv spitzige, dreieckige und Zickzackformen. Nicht zu übersehen freilich ist der nachwirkende Einfluß eines Jugendstilsymbols, nämlich des Hauses der Wiener Sezession von Joseph Olbrich, 1898/99, dessen mächtige Kuppel ganz aus vergoldetem Lorbeer besteht. Hier also finden wir die Kuppel aus Laubwerk wieder, die übrigens den kugeligen Blumenbuketts auf den Jugendstil-Grabmalen dieses Friedhofs ziemlich verwandt erscheint.

Vom Architektonischen her vergleichbar ist das Grabmal des Pelzwarenfabrikanten Abraham WOLFF (1866–1924) in G 5, Reihe 20: eben-

Adolph Köhler

falls ein Tabernakel über quadratischem Grundriß, der Inschriftpfeiler jedoch organisch mit dem Gehäuse verwachsen; im ganzen mehr dem Historismus verpflichtet – romanisierende Säulen, Dreipaßbögen und über dem von einem Band mit Davidsternen geschmückten Architrav eine orientalisierende Faltkuppel.

An der Grenzmauer, zur Abteilung A 5 gehörend, liegt das Erbbegräbnis des Mediziners Hans ARONSON (1865–1919), der lange Zeit die bakteriologische Abteilung der Firma Schering-Chemie geleitet hat. Er stiftete einen nach ihm benannten Preis zur Förderung von Ärzten und Forschern, die auf dem Gebiet der experimentellen Therapie und Mikrobiologie arbeiteten.

In der gleichen Abteilung ist in Reihe 14 das Grab des Rabbiners Ludwig PICK (1843–1937), der als Autor der Schriften »Die Weltanschau-

ung des Judentums« und »Der jüdische Idealismus« hervorgetreten ist.

Paul HIRSCH (1868–1940) war Journalist und sozialdemokratischer Politiker. Bereits von 1908 bis 1918 Mitglied des preußischen Abgeordnetenhauses, gehörte er auch von 1919 bis 1932 dem Landtag Preußens an. Von 1918 bis 1920 leitete HIRSCH als Ministerpräsident die Geschicke dieses Landes und war von 1925 bis 1932 Bürgermeister von Dortmund. Die Urne mit seiner Asche fand ihren Platz im Grabe der Mutter Lina HIRSCH in Reihe 1 der Abteilung D 5.

Das Grabmal für den Regierungsbaumeister Louis FRÄNKEL (1863–1922) in der 19. Reihe der Abteilung F 5 tut sich durch seine expressive architektonische Gestalt hervor, weshalb wir in FRÄNKEL selber den Entwerfer für sein

Adolf Bernhard

Rosalie Ernst

eigenes Grabmal vermuten möchten. Es hat seine symbolistische Bedeutung, wenn der spitzsteile Bogen der Schrifttafel in einer sechsfachen, von Mal zu Mal sich vergrößert wiederholenden Form gleichnishaft zum Himmel emporsteigt. Der Grabstein, auf fünf Stufen stehend, entbehrt, abgesehen von dem Davidstern, jeglichen Schmuckes.

Ebenfalls in F 5, aber in der Reihe 16, ist Leopold AUERBACH (1847–1925) begraben, Autor von »Das Judentum und seine Bekenner in Preußen und den anderen Bundesstaaten« (1890).

Nicht vergessen sein soll Jacques JOSEPH (H 5 Erb 3791), 1865 in Königsberg als Rabbinersohn geboren, der um die Jahrhundertwende in Berlin Ohren und Nasen chirurgisch korrigierte und unter dem Namen »Nasen-Joseph«

populär wurde. JOSEPH ist der anerkannte Pionier der modernen Nasenplastik. Während des ersten Weltkrieges und bis 1921 leitete er in der Charité eine Abteilung für plastische Behandlung Kriegsverletzter und operierte verstümmelte Soldaten so kunstreich, daß sich noch während des Krieges sein Ruf bis in die USA verbreitete. Jacques JOSEPH war ein begnadeter Operateur. Er starb am 12. Februar 1934 an Herzschwäche in Berlin. Nachweislich war er im Vorjahr von den Nazis mißhandelt worden. Seine Familie veröffentlichte eine Todesanzeige, aber Nachrufe in der Tagespresse gab es nicht mehr.

Zu den Frauen des Judentums, die Großes in der Sozialfürsorge geleistet haben, ist auch Minna SCHWARZ (1859–1936) zu rechnen. Sie gründete den Frauenverein der Berliner Bne-Brith-Loge und leitete ihn fast ein halbes Jahr-

Neue Mauer an der Indira-Gandhi-Straße

hundert lang. Selbst kinderlos, errichtete Minna SCHWARZ das Mütter- und Säuglingsheim in der Brunnenstraße 41 und wandelte es später, nachdem seine Aufgaben eine andere Einrichtung übernommen hatte, in ein Altenheim der Gemeinde um. Ihr Grab ist in Reihe 16 von H 5.

In Abteilung Q 4 ist die Asche von Dr. Alfred BERNSTEIN (1858–1923) beigesetzt, bekannt als »Anarchist und Gebärstreikpropagandist« (Mathilde Jacob). In seiner Wohnung Blücherstraße 13 nahe dem Halleschen Tor fanden in der Nacht zum 11. Januar 1919 Rosa Luxemburg und Karl Liebknecht Unterschlupf.

Ein roter Granitstein mit einer aus dem Stein gehauenen Eule und dem Spruch:

»Es sprach die Not
Ich beuge dich
Es sprach der Mut
Ich wehre mich
Es sprach die Zeit
Ruhm winkt und Licht
Da sprach der Tod
Ich will es nicht«

kennzeichnet das Grab des Journalisten und Schriftstellers Jakob SCHEREK (1870–1927). Er verfaßte Dramen und Romane, war lange Zeit Redakteur verschiedener Zeitungen und Zeitschriften und zuletzt als Oberregierungsrat stellvertretender Pressechef der preußischen Landesregierung. SCHEREK starb während einer Reise im finnischen Hangö. Das Grab, es ist das erste von Q 4 aus in der 34. Reihe der Abteilung C 6, birgt seine Asche.

Salo Rawitzki

Abraham Wolff

Das Grabmal Netti GARFUNKEL (1887–1925) in Abteilung C 6 haben wir aus einer Gruppe typologisch verwandter und zeitgleicher Grabmale ausgewählt als Vertreter einer Richtung, die in der Architektur als Konstruktivismus und Funktionalismus bezeichnet wird. Das Ganze reduziert sich hier tatsächlich auf die Demonstration des Tragens und Lastens an dem altbekannten Typ der dreiflügeligen Säulen- oder Pfeilerreihe, streng monumentalisiert, aber doch einer geistigen Spannung mangelnd, wenn man das Gropius-Grabmal für Mendel zum Maßstab nimmt.

Hier sei eines hervorragenden Mitarbeiters im S.-Fischer-Verlag gedacht. In Feld P 4 in Reihe 20 liegt im ersten Grab von B 6 aus Moritz HEIMANN (1868–1925). Er war Dichter, Schriftsteller und Essayist, veröffentlichte Novellen, »Prosaische Schriften« (1918) und Aphorismen. Seit 1895 schrieb er für die »Neue (Deutsche)

Rundschau« Rezensionen und Essays »von untrüglicher Urteilskraft und stiller Autorität«, die nur zum Teil in Buchform gesammelt sind. Von 1896 bis zu seinem Tode arbeitete Moritz HEIMANN als Lektor bei S. Fischer, wo er sich höchste Verdienste als Entdecker und Förderer neuer Talente erwarb, unter ihnen Thomas Mann, Hermann Hesse, Friedrich Huch, Jakob Wassermann, Wilhelm Lehmann und Oskar Loerke. »So hatte HEIMANN ungenannten, aber maßgebenden Anteil am Werdegang der modernen deutschen Literatur, dem er sein eigenes Schaffen geopfert hat« (Ernst Stein). Über die Möglichkeit, zugleich Deutscher und Jude zu sein, äußerte Moritz HEIMANN: »Es ist nichts Unnatürliches darin, seine Bahn mit zwei Mittelpunkten zu laufen; einige Kometen tun es und die Planeten alle.«

Ebenfalls in der Abteilung P 4, jedoch am breiten Weg vom Südeingang nordwärts gegen-

Louis Fränkel

Jakob Scherek

über O 4, macht ein Grabmal durch seine monumentale Schlichtheit auf sich aufmerksam. Es ist für den Kaufmann Albert MENDEL (1866 bis 1922) nach Entwurf von Walter Gropius 1924 errichtet worden. Gropius, der durch seine Bauten sowie seine Lehr- und Publikationstätigkeit die Baukunst des 20. Jahrhunderts maßgeblich beeinflußt hat, zeigt auch an diesem vergleichsweise unprogrammatischen Beispiel eines Grabmals seine künstlerische Absicht, sich auf die Darstellung des Wesentlichen zu beschränken und dieses nur noch – unter Verzicht auf jedes Ornament – in elementaren geometrischen Flächen und Körpern auszudrücken. Erstmals in der Grabmalkunst finden wir die Asymmetrie bewußt angewendet: denn der Wand hinter dem seitlich stehenden Sarkophag fehlt links die Rahmenleiste – ein Motiv, das in Hauseingängen des Berliner Wohnungsbaus der zwanziger Jahre ungezählte Male wiederkehrt, hier also eingeführt als moderne Variante des traditionellen Portalmotivs. Hauptsächlich aber ist es die auf ein Prisma reduzierte Form des Sarkophags, die diesem althergebrachten Grabmaltyp eine neue Gestalt der ewigen Heimstatt und zugleich einen Ausdruck von Monumentalität gibt, wie sie uns so augenfällig nur in Jacob van Ruisdaels gemaltem »Judenfriedhof« von etwa 1660 in der Dresdener Gemäldegalerie wiederbegegnet. Das Goethewort von der »vollkommenen Symbolik«, das diesem Bild zugedacht ist, dürfen wir wohl mit einigem Recht nun auch auf dieses bisher kaum beachtete Grabmal beziehen.

Das Grabmal DRIDSO an der Nordostecke von O 4, errichtet anläßlich des Todes des achtjährigen David 1921, mit einer kleinen Erinnerungstafel für den 1944 in Auschwitz umgekommenen Gregor DRIDSO, führt uns mit seinen riesigen hochgestellten Findlingen in die Bronzezeit zurück, am meisten ähnelt es den sogenannten Menhiren in den Küstengegenden Frankreichs. Der mittlere Stein erreicht die respektable Höhe von 4 m. Dieses Grabmal ist zusammen mit dem für Hugo Herzfeld, am Wasserturm, das gewaltigste solcher vorgeschichtlich aussehenden Steinmonumente.

Netti Garfunkel

In der ersten Hälfte des 20. Jahrhunderts war der Arzt und Schriftsteller Iwan BLOCH (1872 bis 1918) einer der bekanntesten Sexualforscher. Sein Erbbegräbnis liegt in A 4 gegenüber von B 4. Zu seinen zahlreichen Veröffentlichungen gehören: »Der Marquis de Sade« (4. Aufl. 1906), »Das Geschlechtsleben in England« (1901–1903), »Der Ursprung der Syphilis« (1911), »Die Prostitution« (1911), »Sexualpsychologische Bibliothek« (I–VI 1910, VII 1911). Sein wichtigstes Werk, »Das Sexualleben unserer Zeit«, erschien 1919 in 12. Auflage. BLOCH veröffentlichte seine Arbeiten unter dem Pseudonym Eugen Dühren.

In Abteilung A 6 sei auf drei Grabstätten hingewiesen. So liegt im ersten Grab der Reihe 14 von A 4 aus Baer Bernhard KÖNIGSBERGER (1866–1927), ein orthodoxer Rabbiner und Herausgeber der »Monatsblätter für Vergangenheit und Gegenwart des Judentums« sowie der Wochenschrift »Jeschurun«.

In der Reihe 15 ist das Grab des Journalisten und Schriftstellers Leo HIRSCH (1903–1943) gelegen. Bis 1933 war er Leiter der Feuilleton-Abteilung am »Berliner Tageblatt«, 1938 Dramaturg beim Jüdischen Kulturbund und 1942 Transportarbeiter. 1928 veröffentlichte HIRSCH seinen Roman »Lampion«, ein Jahr später »Vorbestraft« und 1935 eine »Praktische Judentumskunde«.

Albert Mendel

Moritz Heimann

An der Ecke zu E 6 und B 7 steht das Mausoleum des Kammersängers Josef SCHWARZ (1881 bis 1926), der als der bedeutendste Bariton seiner Zeit galt und in einem tempelähnlichen Erbbegräbnis beigesetzt ist. Das Dach wird von vierzehn Säulen getragen. In der Mitte, vom Wege aus gut lesbar, steht auf einem Steinblock die Inschrift: »Herr, du bist meine Zuflucht für und für«. Dieser Text sollte siebzehn Jahre nach dem Tode des gefeierten Mitglieds der Städtischen Oper Berlin einen ganz neuen Sinn erhalten. Seine Grabstätte wurde von illegal lebenden Juden als Zuflucht benutzt. Peter Edel hat in seinem Roman »Die Bilder des Zeugen Schattmann« (1969) eine solche Szene geschildert. Riesenburger schreibt: »In der Mitte des Daches befand sich eine Glasplatte. Man hob diese immerhin schmale Platte und suchte sich links oder rechts von ihr ein Ruhelager für die Nacht. Unten ruhte der begnadete Sänger, der einst Tausende Menschen durch seinen Gesang zu heller Begeisterung aufflammen ließ, oben lagen seine Glaubensbrüder im unruhigen Schlaf, durch den sich nur die eine bange Frage zog: Wie lange noch?«

Mehr als dreißig Theaterstücke sowie Filmtexte und Hörspiele hat Richard WILDE (1872 bis 1938) verfaßt, der nacheinander Redakteur der »Deutschen Warte«, des »Berliner Börsen-Couriers«, das »Acht-Uhr-Abendblatts« und zeitweilig auch Chefredakteur der Zeitschrift »Der Autor« war. Sein Leben endete im Konzentrationslager Sachsenhausen, sein Grab liegt in Reihe 13 der Abteilung O 7.

Die Grabstätte des Professors für innere Medizin und Mitbegründers der Jüdischen Blindenanstalt für Deutschland Heinrich ROSIN (1863–1934) finden wir in Reihe 6 der Abteilung M 7. ROSIN war auch Autor von »Die Juden in der Medizin«.

In N 7 wurde in Reihe 14 die Schriftstellerin Doris WITTNER (1880–1937) bestattet. Sie schrieb u. a. »Die Geschichte der kleinen Fliege« (1915), »Der tote Jude«, »Das Auge Afrikas« und »Jüdische Köpfe« (1931).

David Dridso

An der Ecke G 7/F 7 befindet sich das Grab des Rabbiners Abram Mordko GRYNBERG (1867 bis 1938), der in der Alten Schönhauser Straße 26 wohnte. Er galt als Wunderrabbi. Sein hebräisch beschrifteter Grabstein zeigt ein Akrostichon, ein Gedicht, dessen Anfangsbuchstaben seinen Namen Abraham Mordechai ergeben.

Die Übersetzung dieser Steininschrift lautet:

Unter diesem Hügel ist bestattet

Unser Herr, unser Lehrer, unser Rabbi, der gerechte Rabbi, Korb voller Bücher, der gelehrte Herr ABRAHAM MORDECHAI

Sohn des Rabbi, Fürsten der Tora

Herrn CHAJIM CHEIKA sel. Angedenkens aus Bjeshun

gestorben am Montag, 26. Tammus 5698

*A*ch, mein Vater, mein Vater, Wagen Israels und seine Reiter

*B*ei deinem Hinaufsteigen zum Himmel wurde in der Stadt
eine Stimme gehört, Waisen waren wir ohne Vater

*R*echt zart an Jahren krönte man dich in Bjeshun
mit der Krone des Rabbinats

A (Vokal, hebräisch nicht ausgedrückt)

*H*ast dort Lehre und Weisheit unter vielen verbreitet zur Ehre

A

*M*ächtiger Schild ABRAHAMS warst du für die Seufzenden
und Gedrückten

*M*it wie großen Taten schafftest du Tag und Nacht

Mauer am Feld für KZ-Opfer

Josef Schwarz

O
*R*abbi warst du in Berlin 24 Jahre lang
*D*ort hast du dir einen guten Weg gebahnt,
  um zu den
  Geliebten und Geehrten im Leben zu
  gehören
E
*CH*orartig sagt das ganze Volk: Unser
  Lehrer wird leben; du
  bist nicht durch den Tod von uns
  geschieden
A
*I*n Ewigkeit sei dein Name gepriesen
Deine Seele möge eingebunden sein in den
Bund des Lebens

Ins Deutsche übertragen von Heinrich und Marie Simon, Berlin

Im Feld H 7 liegt in Reihe 30 das Grab von Dr. Arno PHILIPPSTHAL (1887–1933). Er ist eines der ersten Opfer der faschistischen Judenverfolgung. Als am 1. April 1933 die jüdischen Geschäfte boykottiert wurden, erlitt Dr. PHILIPPSTHALS Praxis in Berlin-Biesdorf das gleiche Schicksal. Gleichzeitig wurde der beliebte Arzt unter dem Vorwand verhaftet, ärztliche Hilfe verweigert zu haben, und von SA-Leuten am 3. April 1933 ermordet. Heute steht an seinem Wohnhaus eine Gedenktafel. Das Krankenpflegeheim Am Grabensprung in Biesdorf trägt seit 1979 den Namen des Wohltäters und verdienten Arztes Arno PHILIPPSTHAL.

Abram Mordko Grynberg

Am Nordrand der Abteilung G 7 steht an einer Rasenfläche eine niedrige Mauer mit eingelassenen Grabsteinen, auf denen Sterbeorte wie Sachsenhausen, Dachau und andere vermerkt sind. In diesem Bereich sind mehr als achthundert Urnen mit Aschen ermordeter Juden aus den faschistischen Konzentrationslagern Buchenwald, Sachsenhausen, Ravensbrück, Dachau, Mauthausen und Auschwitz beigesetzt.

Friedhof Weißensee, Herbert-Baum-Straße

Nachwort

Gern folge ich der Bitte des Vorsitzenden der Jüdischen Gemeinde Berlin, dieser Publikation einige Sätze anzufügen. Denn wer sich von ihrer Lektüre dazu anregen läßt, einen Spaziergang über die noch vorhandenen jüdischen Friedhöfe zu unternehmen, dem rückt ein Stück der jüngeren Geschichte unserer Hauptstadt ins Bewußtsein.

Etwa 115 000 unserer jüdischen Mitbürger haben allein auf dem Friedhof in Weißensee die letzte Ruhe gefunden – und welche klangvollen Namen sind darunter, Namen von Männern und Frauen, die durch ihre bleibenden Leistungen in Naturwissenschaft, Technik und Medizin, in Literatur und Kunst, in Handel und Industrie unvergessene Beiträge zum guten Ruf des humanistischen Deutschlands von Goethe, Schiller, von Humboldt und Heine geleistet haben, die der Wohlfahrt und Gesittung, der menschlichen Kultur und Zivilisation verpflichtet waren. Das wissenschaftliche, kulturelle und geistige Leben Berlins wäre ohne die Schöpferkraft und Aktivität derjenigen nicht beschreibbar, die die vorliegende Publikation mit der Hervorhebung ihrer Namen ehrt.

Zur Geschichte Berlins, die uns diese Schrift vergegenwärtigt und an Einzelschicksalen nachvollziehbar macht, gehört auch, wieviel Leid, schmachvolle Demütigung und Verfolgung die Vielen mit ins Grab genommen haben. Der Gedanke der Toleranz, für Juden angesichts ihrer jahrhundertelangen Verfolgung so lebenswichtig, ist für die meisten, die bis 1945 auf unseren jüdischen Friedhöfen beigesetzt wurden, ein schöner ferner Traum geblieben.

So ist dieser Gang über Berlins jüdische Friedhöfe auch ein starkes verpflichtendes Vermächtnis für uns Lebende, antifaschistisches Erbe treu zu bewahren und solidarisch mit jenen zu sein, die noch heute unter rassistischen, imperialistischen Gewaltstrukturen zu leiden haben.

Es ist nicht in Worte zu fassen, was diese Gehetzten, Geächteten bewegt hat, die schließlich den Freitod der Deportation in ein faschistisches Vernichtungslager vorzogen und vor deren Gräbern wir heute stehen. Die Überlebenshoffnung und auch die Verzweiflung jener ist nicht zu beschreiben, die in Deutschlands dunkelster Zeit auf dem Friedhof, bei ihren Toten, zwischen den Gräbern oder im Schwarzschen Erbbegräbnis, Ruhe vor der Verfolgung für eine Nacht suchten – wochenlang, monatelang, jahrelang.

Die Befreiungstat der Sowjetsoldaten, mit einem riesigen Blutzins von 20 Millionen Sowjetbürgern bezahlt, ist auch für unsere jüdischen Mitbürger im ganz persönlichen Sinn Befreiung gewesen. Uns allen war damit die historisch einmalige Chance gegeben, eine neue, humanistische Gesellschaft im Osten Deutschlands zu schaffen. Wir haben zusammen diese Chance genutzt – seit fast 40 Jahren besteht unsere Republik, Heimstatt der einst Verfolgten, Ort der Geborgenheit für unsere jüdischen Mitbürger, von ihnen tätig mitgestaltet als Land des Friedens, der Völkerverständigung, der Menschlichkeit.

In Weißensee steht, in Stein gemeißelt, ein Gebot des jüdischen Glaubens – »Gedenke – vergiß nie!«

Möge diese Publikation das Gebot bei uns allen wachhalten!

Klaus Gysi
Staatssekretär für Kirchenfragen bei der Regierung der Deutschen Demokratischen Republik

Anhang

Quellenverzeichnis

Allgemeine Deutsche Biographie. Leipzig 1875 bis 1912

Allgemeines Lexikon der bildenden Künstler von der Antike bis zur Gegenwart. Begründet von Ulrich Thieme und Felix Becker. Hrsg. Hans Vollmer. Leipzig 1978

Allgemeine Zeitung des Judentums, Jg. 1880. Leipzig 1880

Alt-Berlinisches. Referat eines Vortrages von Julius Beer. In: Beilage zur Königlich privilegierten Berlinischen Zeitung (Vossische Zeitung), Nr. 173 und 174 vom 27. und 28. Juli 1865, Berlin

Baerwald, Alex: Der Friedhof in Weißensee. In: Allgemeine Zeitung des Judentums, Jg. 1912, S. 333 ff.

Beer, Alexander: Friedhofskultur. In: Gemeindeblatt der Jüdischen Gemeinde zu Berlin, Jg. 1929, S. 641/42.

Beer, Julius: Ein altberlinischer Friedhof. In: Die Gegenwart, Berliner Wochenschrift für Jüdische Angelegenheiten, S. 141/42, Nr. 18, Berlin 1867

Behrendt, Otto, und Karl Malbranc: Auf dem Prenzlauer Berg. Berlin 1938

Bernstein-Wischnitzer: Alte Friedhofskunst. In: Der Jude, H. 10/11 (1918), S. 682

Der Born Judas. Legenden, Märchen und Erzählungen. Hrsg. Micha Josef Bin-Gorion. Leipzig 1978

Borrmann, A.: Die Bau- und Kunstdenkmäler von Berlin. Berlin 1893

Brass, Arthur: Persönliche Mitteilungen

Brümmer, Franz: Lexikon der deutschen Dichter und Prosaisten des 19. Jahrhunderts bis zur Gegenwart. Leipzig 1913

Cohn, Erich: Der Einfluß jüdischer Ärzte auf die Medizin unter Berücksichtigung ihres Wirkens in Berlin. In: Nachrichtenblatt des Verbandes der Jüdischen Gemeinden in der DDR, Dresden/Berlin, Juni 1973, September 1973, Dezember 1973

Cohn-Wiener, Ernst: Die Jüdische Kunst. Berlin 1929

Das litterarische Berlin. Berlin 1895

Deutsche Bauzeitung. Jg. 1878 und 1880. Berlin

Die Bau- und Kunstdenkmale in der DDR, Hauptstadt Berlin I/II. Hrsg. Institut für Denkmalpflege, Berlin 1984, 1987; die Friedhöfe bearbeitet von Joachim Fait

Ehrung für Prof. Louis Lewin s. A. In: Nachrichtenblatt des Verbandes der Jüdischen Gemeinden in der DDR, S. 12, Dresden, März 1982

Encyclopaedia Judaica. Berlin 1927 ff.

Encyclopaedia Judaica. Jerusalem 1972–1978

Etzold, Alfred, Peter Kirchner und Heinz Knobloch: Jüdische Friedhöfe in Berlin. Berlin 1980

Friedländer, Michael: Die Jüdische Religion. Basel 1971

Friedmann, Aron: Der synagogale Gesang. Leipzig 1978 (Reprint)

Friedrichs, Elisabeth: Die deutschsprachigen Schriftstellerinnen des 18. und 19. Jahrhunderts. Stuttgart 1981

Geismeier, Irene: James Simon – Mäzen der Berliner Museen. In: Nachrichtenblatt des Verbandes der Jüdischen Gemeinden in der DDR, S. 4–6, Dresden, September 1982

Gemeindeblatt der Jüdischen Gemeinde zu Berlin. 1926–1935. Berlin

Glatzer, Ruth: Berliner Leben 1870–1900. Berlin 1963

Große Jüdische Nationalbiographie. Hrsg. S. Wininger. Bukarest, um 1936

Handbuch der Architektur. Stuttgart 1906

Heise, Werner: Die Juden in der Mark Brandenburg bis zum Jahre 1571. Historische Studien, Heft 220, Berlin 1932

Herrmann, Max: Die Entstehung der berufsmäßigen Schauspielkunst im Altertum und in der Neuzeit. Hrsg. und mit einem Nachruf versehen von Dr. Ruth Mövius. Berlin 1962

Israelitisches Familienblatt, Ausgabe A (Berliner Israelitisches Familienblatt). Jg. 1926–1937, Berlin/Hamburg

Die Israelitische Synagogengemeinde Adass Jisroel zu Berlin 1869–1904. Berlin 1904

Jacobson, Jacob: Die Judenbürgerbücher der Stadt

Berlin 1809–1851 mit Ergänzungen für die Jahre 1791–1809. Veröffentlichungen der Berliner Historischen Kommission, Bd. 4 und Bd. 28. Berlin (West) 1962

Jüdisches Lexikon. Ein enzyklopädisches Handbuch des jüdischen Wissens in 4 Bänden. Jüdischer Verlag. Berlin 1927–1930

Juden in Preußen – Ein Kapitel deutscher Geschichte. Hrsg. Bildarchiv Preußischer Kulturbesitz. Dortmund 1981

Karbe, K.-H.: Ein Leben für die soziale Medizin – Salomon Neumann zu seinem 75. Todestag. In: Nachrichtenblatt des Verbandes der Jüdischen Gemeinden in der DDR, S. 6–9, Dresden, Dezember 1983

Kastan, Isidor: Berlin wie es war. Berlin 1919

Knobloch, Heinz (Hrsg.): Allerlei Spielraum, Feuilletons aus 225 Jahren. Berlin 1973

Knobloch, Heinz: Berliner Fenster. Halle/Leipzig 1981

Knobloch, Heinz: Berliner Grabsteine. Berlin 1987

Knobloch, Heinz: Der Berliner zweifelt immer. Berlin 1977

Knobloch, Heinz: Herr Moses in Berlin. Berlin 1979

Knobloch, Heinz: Meine liebste Mathilde. Berlin 1985

Köhler, Wolfram: Der Chef-Redakteur Theodor Wolff. Düsseldorf 1978

Kohstall, Franz: Aus der Chronik der Spandauer Jüdischen Gemeinde. Berlin-Spandau 1929

Landsberger, Franz: Einführung in die Jüdische Kunst. Berlin 1935

Lange, Annemarie: Das wilhelminische Berlin. Berlin 1967

Lexikon des Judentums. Gütersloh / Berlin (West) / München 1971

Lowenthal, Ernst-G.: Juden in Preußen. Bildarchiv Preußischer Kulturbesitz. Berlin (West) 1981

Ludewig, Albert: Die Spandauer Zitadelle, einst Berlins fester Stützpunkt. Spandauer Heimathefte, Heft 2. Berlin-Spandau 1958

Magall, Miriam: Kleine Geschichte der jüdischen Kunst. Köln 1984

Maier-Ude, Klaus, und Valentin Senger: Die jüdischen Friedhöfe in Frankfurt. Frankfurt am Main 1985

Mövius, Ruth: Helene Herrmann – ein Lebensbild. In: Sinn und Form, H. 4, Berlin 1984

Monumenta-Judaica: 2000 Jahre Geschichte und Kultur der Juden am Rhein. Handbuch und Katalog, 1963

Moses, S.: Zur Geschichte des Friedhofs- und Beerdigungswesens der Jüdischen Gemeinde zu Berlin. In: Gemeindeblatt der Jüdischen Gemeinde zu Berlin, Jg. 1912, Nr. 8; Jg. 1913, Nr. 11; Jg. 1915, Nr. 8

Nadav, Daniel S.: Siegfried Isaacsohn (1845–1882). In: Nachrichtenblatt des Verbandes der Jüdischen Gemeinden in der DDR, S. 10, Dresden, Dezember 1982

Neue Deutsche Biographie. Hrsg. Historische Kommission bei der Bayerischen Akademie der Wissenschaften. Berlin 1953 ff.

Nicolai, Friedrich: Beschreibung Berlins 1786. Hrsg. Karlheinz Gerlach. Miniaturen zur Geschichte, Kultur und Denkmalpflege Berlins, Nr. 11, Berlin 1983

Petras, Renate: Berliner jüdische Friedhöfe aus kunsthistorischer Sicht. In: Nachrichtenblatt des Verbandes der Jüdischen Gemeinden in der DDR, S. 6, Dresden, März 1983

Philo-Lexikon. Handbuch des jüdischen Wissens. Berlin 1935

Pikarski, Margot: Jugend im Berliner Widerstand. Berlin 1978

Rapp, Eugen Ludwig: Die mittelalterlichen hebräischen Epitaphien aus der Zitadelle von Spandau 1244–1347. In: Jahrbuch für brandenburgische Landesgeschichte, Bd. 23, Berlin 1972

Riesenburger, Martin: Das Licht verlöschte nicht. Berlin 1960, 1984

Roth, Ernst: Zur Halachah des jüdischen Friedhofs. In: UDIM, Band 3/1972 und 4/1973

Rosenau, William: Jüdische Sitten und gottesdienstliche Gebräuche. Berlin 1929

Scheffler, Wolfgang: Der Brandanschlag im Berliner Lustgarten im Mai 1942 und seine Folgen. In: Berlin in Geschichte und Gegenwart. Jahrbuch des Landesarchivs Berlin 1984, Berlin (West)

Schmidt, Johanna: Berlin-Spandau, Zitadelle einst und jetzt

Schwarz, Karl: Die Juden in der Kunst. Berlin 1928

Schwarz, Karl: Hugo Krayn. Reihe Junge Kunst. Leipzig 1919

Schwarz, Karl: Jüdisches Bestattungs- und Friedhofswesen. Unveröffentlichter Beitrag

Sellenthin, H. G.: Geschichte der Juden in Berlin. Berlin 1959

Simon, Hermann: Eine Episode aus der Geschichte des Friedhofes Schönhauser Allee. In: Nachrichtenblatt des Verbandes der Jüdischen Gemeinden in der DDR, S. 6/7, Dresden, Juni 1982

Steckner, Cornelius: Museum Friedhof. Bedeutende Grabmäler in Berlin. Berlin 1984

Stein, Günter: Ein Schloßbau Joachims I. – Bauge-schichtliche Untersuchungen auf der Spandauer Zitadelle. In: Jahrbuch für brandenburgische Landesgeschichte, Bd. 23/1972

Swarsensky, Manfred: Das jüdische Jahr. Berlin 1935

Theobald, Alfred Udo: Der jüdische Friedhof. Zeuge der Geschichte – Zeugnis der Kultur. Karlsruhe 1984

Thieke, Detlef: Max Ring – Arzt und Schriftsteller. In: Nachrichtenblatt des Verbandes der Jüdischen Gemeinden in der DDR, S. 7, Dresden, März 1983

Thierberger, Friedrich: Jüdisches Fest – Jüdischer Brauch. Berlin 1976

Tobias, Ernst: Wanderungen über Berliner Fried-höfe nebst einem Anhang über Friedhöfe Deutschlands. Nach einem am 25. Juni 1935 im Berliner Fontane-Abend gehaltenen Vortrage. Berlin 1935

Vries, S. P. de: Jüdische Riten und Symbole. Wies-baden 1986

Wohlberedt, Willi: Grabstätten bekannter und be-rühmter Persönlichkeiten in Groß-Berlin und Potsdam mit Umgebung. Berlin o. J. (ab 1932)

Zivier, Georg, und Walter Huder: 300 Jahre Jüdi-sche Gemeinde zu Berlin. Berlin 1971

Zmeck, Jochen: Handbuch der Magie. Berlin 1978

Zunz, Leopold: Zur Geschichte und Literatur. Ber-lin 1845 (Nachdruck 1976)

Personenregister

Abbildungsnachweis:
Adolf Mammel, Ahrensfelde bei Berlin: Einband-
Vorderseite, Vorsatz, Nachsatz, S. 5, 8, 151; Ar-
chiv der Jüdischen Gemeinde, Berlin: S. 10, 12;
Nicola Galliner, Berlin (West): S. 82 unten, 86
links, 87, 90, 95 links, 105, 119 oben, 124, 125, 147;
Werner Kiontke, Berlin: S. 93 rechts, 144 unten;
Heinz Knobloch, Berlin: S. 23 oben links, 146 unten;
Abraham Pisarek, Berlin: S. 23 unten, 24 links, 31
unten links, 63, 94; Dietmar Riemann, Berlin: S. 13;
Staatliche Kunstsammlungen Dresden: S. 13; Richard Groschopp, Kleinmachnow: S. 126; Dr. Joachim Fait, Schöneiche bei Berlin: S. 2, 14, 15, 23
oben rechts, 24 rechts, 25, 26, 29 oben und unten
links, 30, 33–40, 42, 44–46, 48–56, 58–60, 62, 64,
66–71, 73, 74, 77, 79, 81, 82 oben, 84, 85, 91–93, 95
rechts bis 98, 101–103, 106–112, 114–117, 119 unten
bis 122, 127–144 oben, 145, 146 oben; Reproduktion:
S. 56, 61, 104.

Einband-Vorderseite:
Friedhof Weißensee,
Haupteingang Herbert-Baum-Straße